인공지능 기술비평학

중앙대학교 인문콘텐츠연구소 HK+
인공지능인문학 학술총서 4

인공지능 기술비평학
인공지능, 기술-사회-사람

초판 1쇄 발행 2024년 5월 31일

지은이 | 박상용, 이기성, 이정현

펴낸곳 | (주)태학사
등록 | 제406-2020-000008호
주소 | 경기도 파주시 광인사길 217
전화 | 031-955-7580
전송 | 031-955-0910
전자우편 | thspub@daum.net
홈페이지 | www.thaehaksa.com

편집 | 조윤형 여미숙 김태훈
마케팅 | 김일신
경영지원 | 김영지

ⓒ 박상용, 이기성, 이정현, 2024. Printed in Korea.

값 20,000원
ISBN 979-11-6810-276-7 (93550)

책임편집 | 이홍림
북디자인 | 임경선

＊이 저서는 2017년 대한민국 교육부와 한국연구재단의 지원을 바탕으로 수행된 연구임.
　(NRF-2017S1A6A3A01078538)

＊이 책에 인용된 이미지나 글은 저작권법의 '정당한 인용' 기준에 따라 수록했습니다만
　출판 후 '정당한 인용'이 아니라고 판정될 경우에는 적법한 절차를 따르겠습니다.

중앙대학교 인문콘텐츠연구소 HK+
인공지능인문학 학술총서 4

박상용 · 이기성 · 이정현 지음

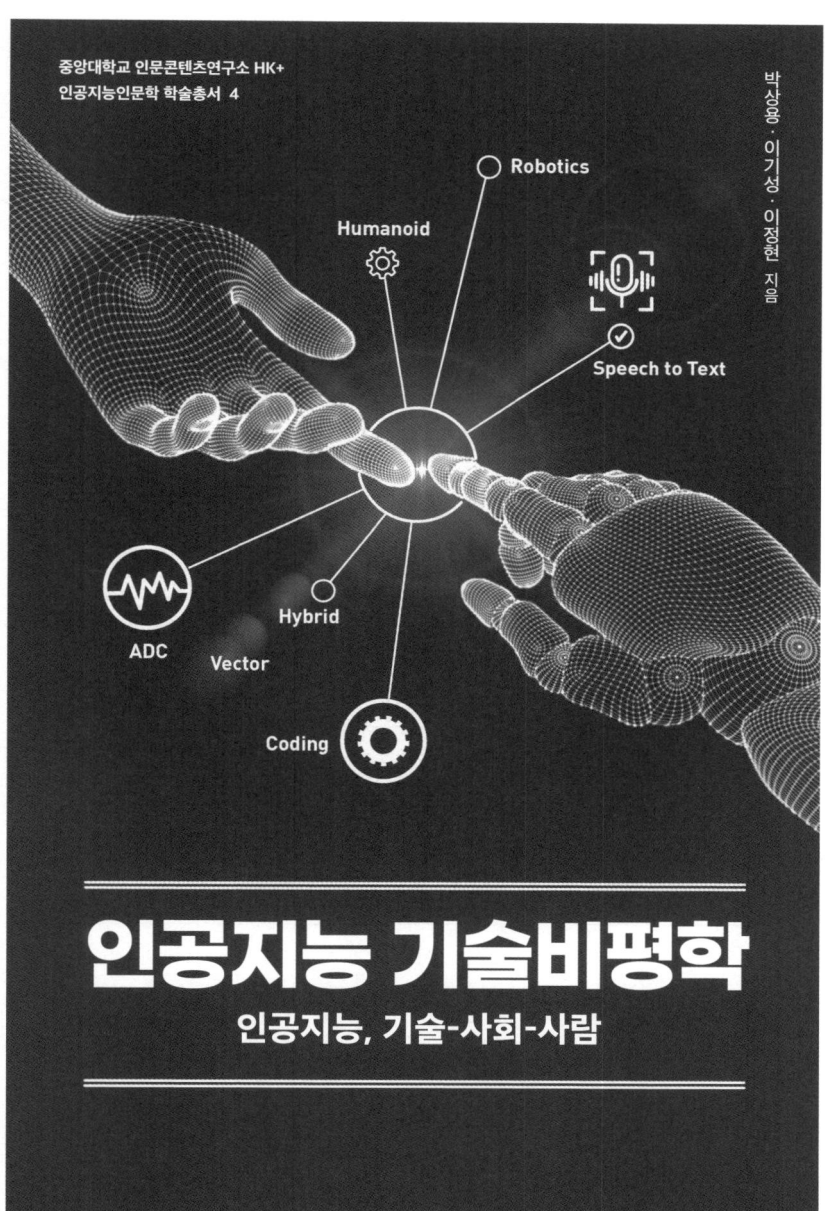

인공지능 기술비평학
인공지능, 기술-사회-사람

태학사

―― 머리말 ――

인공지능, 기술-사회-사람

기술-사회

미국 뉴욕주 롱아일랜드Long Island로 진입하는 고속도로는 유독 낮은 다리로 인해 버스나 트럭의 사고가 빈번하게 일어나는 곳이다. 롱아일랜드 전역에 벽돌로 지은 매우 낡고 낮은 다리가 200여 개쯤 되는데, 이는 도시의 정경을 꽤 고즈넉하게 만든다. 하지만 이 낮은 다리들은 건축가 로버트 모제스Robert Moses가 도시의 미관보다는 도시의 계급을 구성하기 위해 의도적으로 낮게 설계한 다리다.

  1990년대 뉴욕주의 도시 경관이나 도로 전반을 디자인한 건축가 모제스는 롱아일랜드처럼 뉴욕주 외곽의 공원이나 휴양지로 진입하는 다리를 유독 낮게 설계했다. 이는 경제적인 이유로 자가 차량을 소유하지 못하고 버스를 이용해야 하는 사람들이나 생계를 위해 상업용 트럭을 운행하는 사람들이 롱아일랜드를 오가거나 도심에서 롱아일랜드 내 휴양지로 오기 어렵도록 하기 위한 목적이었는데, 당시 미국 사회에서 사회적으로 지위가 낮았던 유색 인종들이 대체로 여기에 포함되었다.

모제스가 설계한 이 낮은 다리는 30여 년 동안 롱아일랜드 도시 경관의 일부로 자리 잡았고, 은밀하게 지역 거주민을 구성했다. 실제로 미국의 10대 부촌으로 꼽히는 도시의 절반 정도가 롱아일랜드에 위치해 있으며, 이 지역은 역사적으로 대표적인 백인 거주지역으로 손꼽힌다.

하나의 기술로서 '다리'가 갖는 효용은 분명 떨어져 있는 두 장소를 연결하는 것이다. 하지만 롱아일랜드의 낮은 다리는 하나의 기술이 사회 맥락 안에서 설계되는 방식과 사회의 특정한 곳에 배치되어 자리 잡는 과정이 때로 매우 정치적인 권력 관계를 내포할 수 있음을 보여 준다.

애초에 다리를 설계한 모제스는 역사적으로 유명한 인종차별자로 평가받는다. 윤리적인 옳고 그름을 떠나서 그의 인종차별적 세계관이 '개인의 생각'이라고 이해할 수는 있지만, 그것이 기술의 설계에 전이되었을 때는 사안을 논하는 차원이 달라진다. 기술로 매개된 인종차별은 차별이 가시화되지 않았던 도시의 정경을 재구성하고, 그 기술이 기능을 행하는 모든 순간에 차별의 경험과 인식을 사회에 축적한다. 1990년대 미국 사회에 존재하던 인종 및 계급 차별의 문제는 다리의 형태로 사회 안에 위치하게 되었다. 또한, 낮은 다리가 유도하는 행동을 불가피하게 따르면서 도시를 둘러싼 사회적, 경제적, 정치적 맥락 안에도 차별이 고착화되었다.

기술의 효용은 기술을 개발하는 순간이 아니라 사회 안에 놓이는 순간에 구성된다. 한 기술이 사회 안에 존재하는 방식에 모두 익숙해지면 그 누구도 사회에 존재하는 차별, 배제, 혹은 당연하지만 눈에 뚜렷이 보이지 않는 또 다른 논리가 그 기술과 연결되었을지도 모른다는 의심을 하지 않게 된다. 기술이 제공하는 편의를 쫓으며 기술들이 조합한 사회 안에서 편리하게 살다 보면 기술을 사회 안에서 어떻게 사용할지, 어디에 배치할지 결정하는 과정이 얼마나 정치적일 수 있는지에 대해 너무나 쉽게 잊는다.

기술-사람

이번에는 비교적 최근의 사례다. 2023년 7월 중국의 사회관계망서비스SNS 웨이보에서는 전동 휠체어를 타고 거리를 활보하는 20대 청년 여럿의 사진이 게재되었다. 제목은 "2000년생 이후 출생자의 출근법"이었는데, 이는 중국 청년들이 편리하고 가성비가 좋다는 이유로 전동 휠체어를 출퇴근 및 등교 목적으로 구매하여 사용하는 사례가 많아지고 있다는 내용이었다.[1] 실제로 전동 휠체어 온라인 쇼핑몰 사이트에서는 나이가 젊고 몸이 건강해도 전동 휠체어를 구매하여 타도 되는지 묻는 질문이 많

---

[1] "전동 휠체어 타는 中 청년들…'이렇게 좋은데 왜 안타'", 동아일보, 2023.7.7., https://www.donga.com/news/Inter/article/all/20230707/120128956/1

으며, 사회관계망 서비스에는 청년들의 이용 후기도 빈번하게 올라오고 있다고 한다.

현지 매체에 따르면 전동 휠체어는 중국의 도로교통법이 규제하는 '교통 수단'에 포함되지 않아서, 사람이 다니는 인도에서도 이용이 가능하고 헬멧을 착용할 필요도 없다. 전동 휠체어 기술은 인체 공학적 설계가 가장 중요하게 강조되는 이동장치 중 하나이기에 편안함을 최대 장점으로 꼽는 청년들도 많다고 한다. 특히 다른 개인형 이동장치에 비해서 충전 시간 대비 주행 시간이 가장 길어 도시를 주행하는 데 매우 효율적이라고 평가받는다. 전동 휠체어를 누가 사용해야 하는지에 대해 법적으로 명확하게 규정된 바가 없기에, 중국의 자전거나 의료기기 업체들은 시장의 수요에 따라 전동 휠체어 시장에 진입하고 있다.

휠체어가 설계된 본래 목적은 신체적 장애나 사고 등으로 거동이 불편한 사람들이 기본 사회 생활을 영위할 수 있도록 이동권을 보장해 주는 것이다. 잘 알려져 있지는 않지만 휠체어 기술은 자동차보다 오랜 시간 동안 기술의 발전을 이루어 왔다. 무엇을 최초의 휠체어로 볼 것인지에 대해서는 역사적으로 다른 견해가 있지만, 1655년 독일에서 시계 제작자가 만든 3개의 바퀴를 장착한 의자나 1832년 설립된 독점적 휠체어 산업 회사에서 만든 강철 접이식 휠체어가 가장 빈번하게 언급된다.

이후 휠체어의 재료, 바퀴의 크기, 의자 및 발판의 구조, 손잡이 위치 등이 조금 더 이용자 친화적인 방식으로 발전해 왔으며, 현재는 타인의 도움 없이 이용자 스스로 운행할 수 있는 전동 휠체어에까지 이르렀다. 최근에는 자율주행 자동차 기술의 일부인 주행을 위한 센서, 자동 승하차 및 도킹 기술, 자율 에어백, 컴퓨터 비전 기반의 인공지능 주행 기술 등을 적용하여 개발한 전동 휠체어도 상용화를 눈앞에 두고 있다. 일례로 근로복지공단의 재활공학연구소는 2023년 장애인의 날에 현대자동차 등 대기업의 후원이나 민간 휠체어 제조사의 참여로 만들어진 자율주행 전동 휠체어를 시연하기도 했다.

그런데 앞선 사례의 경우는 정작 기술 개발이 염두에 두지 않았던 사람들이 기술을 사용하고 있는 상황이다. 중국 현지 매체가 언급한 대로, 도로교통법으로 규제하지 않고, 휠체어 이용자에 대한 법적 제한도 없는 상태에서, 지금은 윤리적 차원의 논의 외에는 전동 휠체어로 출퇴근하는 건강한 청년들을 비판할 명문화된 근거는 없다. 또 이용자가 많아져 시장이 커지면 기술 자체의 비용이 저렴해지므로, 기존에 휠체어를 사용하던 사람들에게도 비용 측면에서 효율적일지 모른다.

하지만 기술을 '누가 사용하는가'의 문제는 기술 개발의 방향성을 결정하게 되므로, 시장의 논리만 좇아 기술을 개발할 수는 없는 문제다. 휠체어가 직립 보행이 불편한 신체적 상황에 처한 사람이 사용하는 기술일 때 기술 개발의 방향은 휠체어의 바퀴가 도로의 턱이나 건물의 입구 같은 도시의 장애물을 문제없이 지날 수 있는지, 휠체어의 크기가 도시 구조물의 규격에 적합하게 맞아 들어가는지, 승차감이 이들에게 또 다른 신체적 불편함을 주지 않는지 등을 고려하여 설계된다. 때에 따라 휠체어 기술에 맞추어 도시 제반 시설이 새롭게 설치되도록 사회적 담론이 구성되기도 한다. 그런데 이 기술이 누구나, 아무 때에 사용할 수 있는 것이라면 기술 개발과 도시 계획의 방향은 달라질 수도 있지 않을까?

사실상 휠체어 기술 단독으로 몸이 불편한 사람의 이동권을 보장할 수 있는 일은 아니기에 이들이 전동 휠체어를 타고 일상을 영위하는 모습을 쉽게 찾아보기는 어렵다. 휠체어 기술의 문제가 아니라, 사회 도처에 산재한 장애물 때문에 정작 이들은 전동 휠체어를 타고도 사회로 나오기 어려운 것이 현실이다. 반대로, 몸이 불편하지 않아도 이동의 편의를 위해 휠체어를 타는 사례가 늘어난다면 지금은 어쩐지 불편한 광경일지도 모르지만 젊고 건강한 이들이 탄 전동 휠체어가 사람들과 뒤섞이는 모습은 금세 우리에게 익숙해질 수도 있다.

이용자는 때로 기술 개발 단계에서 결정한 것과는 전혀 다른 방식으로 기술을 사용하고, 이는 기술의 미래를 새롭게 구성한다. 기술을 '누가 사용하는가'라는 단순한 문제는 어느새 이 기술을 '누가 사용할 수 없는가'라는 정치적인 문제로 바꾸어 버리기도 한다.

인공지능, 기술-사회-사람

앞서 살펴본 두 가지 사례는 기술이 사회, 사람과 떨어져서 독립적으로 존재할 수 없음을 보여 준다. 기술은 언제나 사회, 사람과의 관계 속에 자리 잡고 이들에 의해 설계되고 작동된다. 역사적으로 기술을 인류 번영을 위한 도구로 이해해 온 근대적

개념의 인간중심주의에서는 기술이 인류의 발전에 '기여'하거나 '방해'하는 이분법적 방향 안에서 이해되어 왔다. 그러나 사실 기술과 사회, 사람의 관계는 그렇게 단순하지 않다. 기술은 사회, 사람과 관계 속에서 특정한 방식으로 채택되거나 버려지면서 발전해 왔고, 이 과정은 우리 삶의 정경을 바꾸고 일상을 경험하는 방식을 구성해 왔다. 기술이 언제, 어떻게 개발되었는지와 별개로 기술-사회-사람은 각 구성 요소가 유기적인 관계를 맺으며 때때로 서로를 구성해 낸다.

인류 역사상 가장 발전한 기술로 꼽히는 인공지능 기술도 마찬가지다. 지금 인공지능을 둘러싼 우리 사회 담론을 살펴보면 어떤 새로운 기술이 개발되었는지 소개하거나, 이로 인해 사라지게 될 직업은 무엇인지 예측하고, 한국이 세계적 기술 개발 경쟁에서 어느 정도 위치에 있는지 진단하는 정도가 대부분이다.

사회가 적극적으로 만들어 내는 인공지능 기술 담론에 대한 우리의 반응도 크게 다르지 않다. 새로운 기술이 개발되면 열광하고, 이것이 초래할 사회 변화에 우려를 표하며, 한국 기업이 개발했거나 한국어로 된 서비스에 자랑스러워한다. 하지만 기술은 개발된 상태 그대로 사회에 머무르지 않는다. 우리가 기술이 개발된 '지금'의 상태만큼이나 주목해야 할 것은 이 기술이 사회 안에서 자리 잡는 과정과 사용되는 방식이며, 그것이 다시 구성하게 될 기술-사회-사람의 관계다.

이 같은 맥락에서 이 책은 인공지능 기술-사회-사람에 대해 비판적인 탐구를 시도한다. 기술을 단독으로 떨어뜨려 이해할 수는 없지만 기술-사회-사람을 이해하기 위해서는 기술에 대한 이해가 필수적이라는 점에 저자 모두 이견이 없다. 때문에 이 책은 두 명의 공학자가 인공지능 기술 전반과 인공지능 주요 기술들에 대해 최대한 이해하기 쉬운 언어로 쓰는 작업으로 시작했다. 이들은 나머지 한 명의 저자인 미디어문화연구자와 연구소 내 다른 인문학 전공 동료들이 제기하는 질문에 대답하며 기술의 원리를 한글로 풀어 써 주었다. 이어지는 작업은 이 기술이 사회 안에서 사람과 어떻게 관계 맺으며 어떠한 사회적 실체로 드러나고 있는지, 또 인공지능이라는 첨예한 문화기술이 앞으로 사회, 사람과 어떤 방식과 방향으로 관계 맺어야 할지에 대한 통찰을 서로 주고받아 이를 글로 옮긴 것이다.

이 책의 첫 장은 인공지능 기술이 어떻게 구성되어 현재에 이르렀는지 역사적으로 살펴보고, 기술비평이 여러 학문 영역에서 학술적 장르의 한 갈래로 어떻게 구성되어 왔는지 검토한다.

2장은 지금 우리가 인공지능이라고 부르는 기술의 실제 이름인 기계학습Machine Learning의 기본 원리와 활용 현황에 대해 설명한다.

3장부터 5장은 '인공지능'이라는 상위어에 포함되고 있는 주요 기술을 자연어 처리, 음성언어 처리, 컴퓨터 비전으로 나누어 소개했다. 각 기술의 기본 원리에 대한 설명을 시작으로 이들이 사회에서 적용되는 영역을 살펴본 후 이 기술이 실제로 사회, 사람과 관계 맺으며 만들어 내는(예상하지 못한) 사회적 마찰과 균열의 사례를 모았다. 각 장의 마지막은 기술의 효용과 마찰의 양가적 작동 위에서 기술이 나아가야 할 방향을 예측하거나 제시하고 있다.

6장에서는 앞서 소개한 기술의 총체로써 연구가 진행 중이거나 사회 곳곳에서 드물지만 실제로 등장하고 있는 로보틱스 Robotics의 개념과 가능성을 타진하고, 맺음말을 통해 기술-사회-사람이 공존할 수 있는 미래 기술의 청사진을 그려 본다.

인공지능 인문학의 한 갈래로서 저자들이 서술하는 기술비평은 기술-사회-사람 중 어느 한 요소에 치중하지 않고 구성 요소 간 균형을 최대한 유지할 수 있는 방향에 대한 숙고를 담고 있다. 기술에 대한 지나친 기대나 우려 대신, 지금 우리가 논의해야 할 지점을 제안할 수 있기를 기대한다.

차례

머리말 인공지능, 기술-사회-사람 · 5

1장 **인공지능과 기술비평**

   1. 인공지능 기술의 개념 및 변천 · 21

   2. 기술비평의 역사적 구성 · 26

2장 **기계학습**

   1. 기계학습 이해하기 · 41
      (1) 기계학습의 개념 및 분류 · 41
      (2) 지도학습 이해하기 · 45
      (3) 비지도학습 이해하기 · 60

   2. 기계학습 기술의 현재와 미래 · 66
      | 생각해 보기 | 인공지능 기술의 미래 · 71

3장 인공지능의 언어와 소통 (자연어 처리)

1. 자연어 처리 기술의 이해 · 80
  (1) 인간의 언어를 컴퓨터에서 표현하기 · 80
    1) 임베딩 · 82
  (2) 텍스트 마이닝 · 84
    1) 텍스트 전처리 · 85
    2) 텍스트 분석 · 89

2. 언어 모델의 발전 · 92
  (1) 임베딩 방법론의 발전 · 92
    1) 워드 임베딩 · 92
    2) Word2Vec · 93
    3) GloVe · 95
    4) FastText · 95
  (2) 딥러닝 및 대규모 사전학습 모델에 기반한 자연어 처리 기술 · 96
    1) BERT · 96
    2) GPT · 98

3. 자연어 처리 활용의 현재와 미래 · 100
  (1) 대화 시스템 및 자동 질의응답 시스템 · 100
  (2) 텍스트 요약 및 글쓰기 · 104
  (3) 감성 및 감정 분석 · 108
  | 생각해 보기 | 자연어 처리 응용의 미래 · 111

4장 인공지능의 감각과 인식 I (음성언어 처리)

1. 음향신호 처리의 기초 · 121
  (1) 소리신호 · 121
  (2) 신호 처리 · 124
  (3) ADC · 125

1) 표본화 · 126
2) 양자화 · 128
3) 부호화 · 130
(4) 푸리에 급수 · 132
(5) 푸리에 변환 · 133
(6) 국소 푸리에 변환 · 135
(7) MFCC · 136

2. 음성언어 처리 기술의 이해 · 138
(1) 음성인식 · 138
(2) 화자인식 · 139
(3) 음성합성 · 139

3. 음성언어 처리 기술의 현재와 미래 · 140
(1) 음성 명령 기반 전자기기 · 140
(2) 인공지능 통역 · 145
(3) 음원 검색 · 148
(4) 인공지능 음성 본인 인증 · 149
(5) 음성합성 엔진 · 150
| 생각해 보기 | 음성언어 처리 기술의 미래 · 153

5장 인공지능의 감각과 인식 II (컴퓨터 비전)

1. 컴퓨터 비전 기술의 기초 · 160
(1) 디지털 변환 · 160
(2) 이진화 · 163
(3) 외곽선 검출 · 165

2. 컴퓨터 비전 기술의 이해 · 167
(1) 객체 인식 · 167
1) 객체 인식에서 사용하는 인공지능 · 169

   2) CNN • 170
  (2) 객체 분할 • 172
  (3) 객체 추적 • 172
  (4) 이미지 생성 • 174

3. 컴퓨터 비전 기술의 현재와 미래 • 176
  (1) 안면탐지 및 인증 기기 • 176
  (2) 감시 카메라 • 180
  (3) 감정 분석 • 183
  (4) 이미지·영상 편집 • 186
  (5) 자율주행 자동차 • 190
  | 생각해 보기 | 컴퓨터 비전의 미래 • 191

6장 인공지능의 행동과 작용 (로보틱스)

1. 로보틱스 • 200
  (1) 인식 • 201
  (2) 판단 • 203
  (3) 동작 • 204

2. 로봇의 현재와 미래 • 208
  (1) 산업용 로봇 • 208
  (2) 의료 로봇 • 212
  (3) 착용 로봇 • 213
  (4) 탐사 로봇 • 215
  (5) 생활 로봇 • 216
  (6) 인간형 로봇 • 217
  | 생각해 보기 | 로봇 기술의 미래 • 219

맺음말 • 223
참고문헌 • 230

1장

인공지능과 기술비평

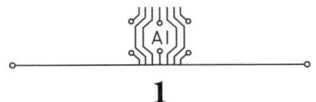

1
인공지능 기술의 개념 및 변천

인공지능의 탄생을 이야기할 때 빠지지 않는 역사적 사건이 있다. 1956년 미국 다트머스대학에서 세계적인 수학자와 과학자들 사이에 연구 성과를 공유하는 회의가 열렸고, 이 자리에서 처음으로 '인공지능'이라는 용어가 등장했다는 사실이다. 이 회의는 2개월간 지속되었으며 10명의 연구자가 모여 브레인스토밍의 형식으로 회의가 진행되었다. 학자들은 '지능을 가진 기계'의 이름을 고민하다가 존 매카시가 제안한 '인공 지능Artificial Intelligence'이라는 이름을 쓰기로 합의하였다.

인공지능이라는 용어가 다트머스 회의에서 처음 등장한 것은 맞지만 '지능을 가진 기계'에 대한 상상은 좀 더 일찍 시작되었다. 1948년 미국의 수학자 노버트 위너는 자동 정정 기능 피드백을 갖춘 기계에 대한 상상을 '사이버네틱스Cybernetics'라는 용어를 통해 이론화했으며, 사이버네틱스 이론이 설계한 목적지향적 메커니즘의 기본 원리는 현재 우리가 인공지능이라고 부르는 기술의 전신으로 평가받는다. 1950년 앨런 튜링은 튜링 테스트Turing Test 방법을 고안하여, 인간과 기계가 대화하여 인간이 상대방을 기계라고 구분할 수 없을 정도라면, 기계도 인간과 마찬가지의 지능을 갖는다고 주장한 바도 있다. 다만 이러한 개념들이 '인공지능'이라는 이름의 독자적 학술 및 기술 분야로 자리 잡은 상징적인 계기가 다트머스 회의인 셈이다.

정작 다트머스 회의에서는 인공지능의 기술적 양식에 대해 뚜렷한 합의점을 찾지는 못했다. 대신 다트머스 회의 즈음하여 1950~1960년대에는 인공지능 연구가 열광적으로 시작되었다. 다트머스 회의가 개최된 미국 외에도 독일, 영국 등 유럽의 여러 국가에서 디지털 컴퓨터 기술이 동시다발적으로 연구되었다. 앨런 튜링은 튜링 검사, 기계학습, 유전 알고리즘, 강화학습 등 주요 인공지능 의제들을 소개하였다. 또한 당시 연구자들은 수학, 게임, 퍼즐, 지능지수 검사 등 인간의 지능과 직접적으로 관계되는 몇몇 과제들의 해결에 관심을 두면서 공학뿐 아니라 뇌과학, 행동주의 심리학 등의 학문 영역을 아우르며 인공지능의 개념과 방향성을 설계해 갔다.

현재까지 영향을 미치는 초기 인공지능 연구 중 하나로, 2인 대결 보드게임인 체커Checkers를 수행하는 프로그램이 있다. 이 프로그램은 일반인을 이길 수 있는 정도의 체커 게임 실력을 보였고 TV 방송에서 시연되어 많은 사람들에게 관심을 끌었다. 2016년 바둑 세계 챔피언을 꺾은 알파고의 전신으로 볼 수 있다.

한편, 인간의 지능은 기호들로 구성된 자료구조들을 조작함으로써 작동한다는 물리적 기호 시스템Physical Symbol System이 등장하였고, 인간의 뇌신경을 묘사한 인공 신경망 퍼셉트론Perceptron, 인공지능을 위한 프로그래밍 언어 리스프Lisp 등 지금 우리가 이해하는 인공지능을 위한 이론적 유산들이 이 시기에 생성되었다.

그러나 굉장한 결과를 만들어 낼 것 같던 인공지능 기술에 대한 논의는 1970년대에 첫 암흑기로 접어들었다. 당시 사람들은 10년 이내에 컴퓨터가 체스 챔피언이 되고 기계가 주요 수학 이론을 증명할 것으로 기대했으나, 결과적으로 이는 40년 이후에나 달성될 만한 어려운 일들이었다. 결국 당대에 큰 기대를 모았던 인공지능이 생각만큼의 결과를 보여 주지 못하자 대규모 투자가 중단되고 다수의 연구 프로젝트가 취소되었다.

이때부터는 연구의 방향이 전문가 시스템을 개발하는 쪽으로 바뀌었는데 전문가의 지식을 기호를 이용하여 논리적인 규칙으로 생성한 후, 사람의 질문에 답을 내놓는 형식의 인공지능이 적용되었다. 그러나 규칙을 하나하나 생성하고 조합하는 과정이 너무나 복잡하였고 문제점을 수정하는 작업도 까다로웠기에, 이러한 연구에 도전한 여러 기업들은 역사의 뒤안길로 사라졌다. 즉 기술의 연구 성과가 사회와 인간에게 적용되지 못하여 '인공지능의 겨울' 시기를 지나야 했다.

1980년대에 이르러서는 신경망 연구가 발전하면서 다시금 인공지능 연구가 부활하기 시작했다. 기존의 전문가 시스템은 사람이 일일이 규칙을 정해야 했지만, 신경망은 예측값과 정답을 비교하여 오차를 줄여 나가며 확률적으로 규칙의 정확도를 높였다. 이는 역전파 알고리즘의 발전과 함께 다층 퍼셉트론으로 구성된 신경망의 등장으로 가능해진 것이었으며, 패턴 인식을 통해 문자, 영상 등을 인식하는 데에 매우 유용하였다. 다만 크고 복잡한 패턴을 처리하기에는 컴퓨터의 계산 속도가 느려 어려움을 겪었고, 80년대 후반에 이르러서는 방대한 연산을 컴퓨터로 해결할 수 없다는 한계에 봉착하여 다시금 인공지능의 암흑기를 맞았다.

두 번의 암흑기 이후 상당한 시간이 흘러 1990년대 후반 및 2000년대에 이르러서야 인공지능 연구는 다시금 안정을 찾기 시작했다. 이 시기는 월드 와이드 웹World Wide Web, 즉 인터넷이 발달한 시기로 이전과는 비교할 수 없을 만큼의 방대한 데이터를 수집할 수 있게 되었다. 셀 수 없을 만큼 많은 양의 텍스트 단어, 이미지, 동영상, 음성 데이터인 빅데이터를 사용할 수 있게 되었으며 컴퓨터의 하드웨어 성능도 점차적으로 향상되어 기계학습이 본격적으로 힘을 발휘하기 시작하였다.

빅데이터는 분류되지 않은Unlabeled 형식인 경우가 많기에 이러한 데이터를 다루는 데 특화된 알고리즘이 발전하기 시작하였다. 예를 들어, 단어 'change'가 '변화'를 의미하는지 '잔돈'을 의미하는지 독립적으로는 알 수 없지만, 문장 내에서 어떤 단어와 관계를 이루는지 파악하여 그 의미를 유추할 수 있는 학습 알고리즘이 등장하였다. 그 외에도 기존의 사진을 학습하여 새로운 사진의 비어 있는 부분을 복원하는 등 실질적으로 유용한 알고리즘이 등장하였고, 수천 장의 학습보다는 수백만 장을 학습함으로써 효과가 크게 증가되는 것이 입증되면서 컴퓨터 비전 분야가 급격하게 발전했다.

2010년대 이후로는 딥러닝Deep Learning 분야로 기계학습이 더욱 진화하여 현재 우리가 이해하는 인공지능의 형태를 갖추기 시작했다. 이미 1990년대에 합성곱 신경망Convolutional Neural Network을 이용하여 사람이 손으로 쓴 숫자들을 인식하는 데 성공한 바 있었으나, 이러한 방법이 최근에 와서야 대량의 데이터와 고성능의 컴퓨팅 자원 덕분에 시각 사물인식, 음성인식, 기계번역, 의료 진단, 게임 플레이 등에서 큰 성과를 내기 시작했다. 이는 CPU와 더불어 병렬처리가 가능한 GPU가 비약적으로 발전하고 딥러닝에 특화된 TPU 등도 등장하면서 빅데이터를 수월하게 처리할 수 있게 되었기 때문이다.

또한 딥러닝을 필두로 가속화되고 있는 인공지능의 여러 성과들이 대중의 큰 관심을 불러오기 시작하였으며, 2016년 이세돌과 알파고 대국의 경우 한국에서 실시간으로 60만 명이 시청할 정도로 이슈가 되었다. 2010년부터 인공지능 논문들은 매해 두 배씩 증가하였으며 2020년대에 이르러서는 매년 2만 건 이상의 논문이 쏟아져 나오고 있다. 현재 대부분의 연구는 기계학습, 컴퓨터 시각, 자연어 처리에 집중되고 있다.

현 시대는 인공지능의 부흥기이다. 하지만 여전히 현재의 기술 수준을 인공지능의 초기 단계로 보는 시각도 있으며 인공지능이 궁극적으로 인간의 지능에 가까운 '인공적인 지능'에 도달할 수 있는지도 미지수이다. 그러나 인공지능 기술은 지금도 현재 진행형으로 나아가고 있다.

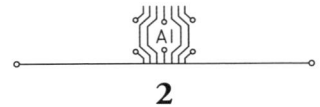

2

기술비평의 역사적 구성

앞에서 인공지능이 어떻게 지금의 형태를 갖추게 되었는지, 인공지능 '기술의 개발 과정'을 공학적인 관점에서 서술했다. 하지만 인문학적인 관점에서 다루는 '기술의 역사'는 기술뿐 아니라 매우 복합적인 사회적 요소가 개입한다. 기술은 설계에서부터 개발, 도입, 적용, 폐기까지의 전 과정에서 사회, 문화, 개인, 집단과 공존하고 상호작용하며 함께 진화한다. 그 과정에서 사회, 문화, 개인, 집단을 변화시키기도 하고, 거꾸로 기술이 탈락되거나 변형되기도 한다.

인문학은 이 같은 사회와 기술의 공존 및 상호작용 양상을 비판적으로 이해하는 시도를 하면서 기술이 어떻게 역사적으로 구성되어 왔는지 살펴보았다. 다양한 학문 영역에서 기술 단독만이 아니라 사회적 맥락, 인간과의 관계 안에서 기술을 이해하는 시도를 해 왔으며, 이는 넓은 범주에서 기술비평이라는 장르로 나타났다. 기술비평은 '기술'의 범주를 어떻게 이해하고 정의할 것인지 논의해 왔으며, '비평'을 어떠한 학문적, 이론적 배경에서 진행할 것인지 합의해 왔다.

기술비평의 양상은 과학기술연구Science and Technology Studies, 미디어 생태학Media Ecology, 미디어 고고학Media Archaeology, 기술철학Philosophy of Technology, 과학기술사 등 과학, 기술, 매체의 사회적 구성에 대한 역사적 탐구나 사회적 활용에 대한 비판적 해석을 축적하며 하나의 학문 영역으로 자리 잡았다. 또는 영문학, 철학, 역사학, 미디어학 등에서 사이보그Cyborg 이론이나 포스트휴머니즘Posthumanism 등 이론의 한 갈래를 발전시키고 적용하는 과정에서 다양한 사례로 나타나기도 했다. 스스로 '기술비평'을 표방하지 않더라도 역사학, 국문학, 미디어학 등에서 기술이나 기술적 인공물의 사회적, 역사적 맥락 및 토대를 탐구하는 연구 사례들도 넓은 의미에서 기술비평에 속한다. 이들은 인공지능이 기술적으로 구현되기 훨씬 이전부터 다양한 형태의 기술이 사회 안에서 자리 잡는 방식을 비판적으로 탐구했다.

대표적으로 과학기술사는 과학기술연구의 영역 안에서 발전했다. 미국을 중심으로 과학기술의 사회적 구성에 대해 탐구하는 과학기술연구는 국내에서 1990년대 초반부터 서구의 새로운 성과들과 그에 영향을 받은 기술사 논문들을 번역하는 작업을 통해 소개되었다. 여기에서 송성수가 편역한 『우리에게 기술이란 무엇인가』(1995)[2]는, 당시 미국 사회에서 과학기술 연구의 최전선에 있었던 랭던 위너Langdon Winner, 도널드 맥켄지Donald

MacKenzie 등의 논문, 사회구성주의 기술사 연구인 토머스 휴즈 Thomas P. Hughes와 루스 코완Ruth S. Cowan의 논문, 그리고 기술론 논의의 정책적 함의를 담은 마이크 쿨리Mike Cooley의 루카스 항공 사례 연구 등을 소개하며 과학기술연구를 국내로 들여왔다.

이 책의 국내 필자로는 사회학자 이영희의 기술영향평가에 대한 연구와 과학사학자 홍성욱의 과학과 기술의 관계에 대한 논의 등이 포함되어 있다. 이들은 한국의 과학기술 개발이 국가의 강력한 주도하에서 국가의 필요에 의한 기술이 등장하고 도입되었으며 변화했다고 보고 그 특성이 이론적·역사적으로 갖는 함의를 탐구했다.

최근에는 과학사 또는 기술사라는 경계를 넘어 인문사회과학 전반에서 기술 또는 기술적 인공물에 대해 관심을 보이는 여러 연구 성과 역시 기술비평의 맥락에서 주목할 필요가 있다. 이들은 특정 역사적 시기에 기술이 정착하게 된 과정을 설명함으로써 당시의 사회문화적 맥락을 비판적으로 조망한다는 점에서 기술비평의 갈래로 이해할 수 있다. 기술이 개발되고 정착한 사회문화적 맥락을 살펴보는 작업은 인문학적 관점에서 기술사를 서술하기 위한 원재료를 확보하는 데 의의가 있으며, 인문·사회과학 분야가 기술이라는 대상으로 탐구를 확장하는 계기가 되기도 한다.

예를 들면, 한국의 개항기에서 일제 강점기로 이어지는 시기가 갖는 시대적 특수성은 한국의 근현대사적 관심이 이 시기의

---

2   송성수 외, 『우리에게 기술이란 무엇인가』, 녹두, 1995.

과학기술의 발전, 이를 구성해 온 인프라, 인공물의 발전으로 어떻게 이어졌는지 서술할 수 있게 하면서 과학기술사를 통한 일종의 사회문화 서술 방식을 보여 주었다. 일례로 염복규는 『서울의 기원, 경성의 탄생』에서 한반도 주민들이 살아온 물적 토대가 어떻게 바뀌었는지에 관심을 두고 기술의 발전이 경성이라는 도시에 어떻게 물적으로 구현되었는지 조망한다.[3] 역사학과 유사한 경향은 국문학 분과에서도 찾아볼 수 있다. 권창규는 20세기 초 이후 신문과 잡지에 실린 광고를 중심으로 당시 사회문화적으로 '낯선 물건'들이 한반도로 유입되는 과정에서 야기된 사회적 변동을 추적한다.[4]

보다 구체적으로 '사물'을 비평함으로써 기술을 이해한 연구 갈래도 있다. 미국 과학기술사학자 마이클 마호니Michael S. Mahoney는 『기계를 읽다Reading a Machine』라는 제목의 글에서 본인이 대학 강의 자료로 르네상스 이후 기술에 대한 1차 사료를 찾는 과정이 얼마나 어려웠는지 서술했다고 한다.[5] 마호니는 도서관에서 자료를 찾았던 첫 시도 자체가 잘못되었음을 지각했다고 밝히면서, 도서관에서 책을 통해 기술과 기술사를 읽어 내는 것이 아니라 박물관으로 가서 위대한 사물들Great Things을 보다 면밀하게 살펴보는 노력이 필요했었음을 지적한다.

---

[3] 염복규, 『서울의 기원 경성의 탄생: 1910~1945 도시계획으로 본 경성의 역사』, 이데아, 2016.
[4] 권창규, 「소비자 교육으로서의 국민생활 만들기-전시기(1937~1945)의 국산소비를 중심으로」, 『현대문학의 연구』, vol. 54, 2014, 285~308쪽.
[5] 최형섭, 「기술사와 기술비평 사이에서: 한국 기술사 연구의 흐름과 전망」, 『한국과학사학회지』, 42(3), 2020.

이렇게 사물에 집중하는 연구들은 사물, 특히 기술적 산물로서 기계에 쌓여 있는 역사적 지식의 지층을 파헤치는 고고학적 시도이다. 그리고 이는 지나가 버린 매체에 대한 연구를 통해 당시 인간의 경험이 어떤 물질적 조건 위에 가능하게 되었는지 살펴보는 독일 매체 연구나 미디어 고고학과 유사한 맥락을 공유한다. 미디어 고고학의 대표적인 사례로 독일의 미디어학자 프리드리히 키틀러Friedrich Kittler는 그의 대표 저서『축음기, 영화, 타자기Gramophone, Film, and Typewriter』(1999)[6]에서 18세기 서구 사회에서 등장한 세 가지 형태의 아날로그 미디어를 살펴보면서 각각의 기술이 어떻게 인간이 사회를 감각하는 기술적인 조건이 되었는지를 서술했다.

이 같은 작업들은 국문학, 역사학, 미디어학, 과학기술학 등의 각 학문의 영역에서 이해할 수 있는 '기술'의 맥락과 이용을 탐구하면서 사회적, 문화적, 역사적 총체로서 기술을 비판적으로 다루어 왔다. 기술비평을 수행해 온 학문 영역이 다양했던 만큼 어떤 기술을 살펴볼 것인지에 대해 구체적인 제한은 없었다. 때문에 박물관에 소장되어 있는 고고학적 사물에서부터 디지털 컴퓨터에 이르기까지, 다양한 기술에 대한 비판적 이해가 축적되었다.

특히 우리가 살고 있는 사회의 정경과 지형 전반을 바꾸어 놓고 있는 알고리즘, 인공지능, 빅데이터 등의 기술은 '기술에 대한 비평'을 양적으로 크게 증가시키고 있다. 이들은 초기의 기술

---

[6] Kittler, F. A. *Gramophone, film, typewriter*, Stanford University Press, 1999.

비평이 이루어 온 이론적·방법론적 토대 위에 인공지능 기술이나 제반 디지털 환경을 연구 소재나 주제로 삼아 탐구한다. 알고리즘이 양산하고 고착화하는 사회적 편견이나 편향, 인공지능 개발의 역사적 조건이 된 기술이나 기계들, 인공지능과 인간이 맺게 될 관계에 대한 현상학적 연구, 인공지능 기술을 통해 나타나는 새로운 사회문화적 실천의 형태 등이 최근 가장 두드러지는 연구 주제다.

인공지능 기술은 사용자들이 생산한 데이터를 알고리즘에 반복적으로 되먹이며 작동한다. 하지만 사용자가 볼 수 있는 것은 마지막 결과뿐이며 어떤 데이터가 사용되어 어떤 과정을 통한 것인지는 블랙박스화되어 일반적인 상식으로는 이해하기 어렵다. 심지어 인공지능 기술은 유비쿼터스 컴퓨터 환경을 기반으로 작동되고 있다. 와이저Weiser가 1991년에 처음 소개했던 유비쿼터스 컴퓨팅의 개념은 더 이상 인간이 컴퓨터를 찾아가는 것이 아니라 네트워크로 연결된 수많은 컴퓨터가 인간을 찾아오는 상황을 그린 것이었다.

지난 몇십 년간 빅테크 기업들은 와이저가 그린 유비쿼터스 컴퓨팅 환경을 구현하기 위해 연구를 거듭했고, 그 과정에서 수많은 기계를 만들고 기계의 필요성을 정당화하며 이들을 인간의 환경과 일상생활 속에 스며들게 하기 위한 전략을 실현해 왔다. 새로운 기술은 언제나 낯설고 때로는 인간을 위협하기도 하는데, 빅테크 기업의 과제는 새로운 미디어와 테크놀로지가 일상생활 공간 안에 자연스럽게 자리 잡을 수 있도록 새로운 기술을 사회문화 안에 '길들이는' 것이었다. 또한, 그들이 개발한 수

많은 기계가 일일이 물질적 형상을 가져 인간의 삶 속에서 사용자를 양적으로 압도하기보다는 하나의 기계에 점진적으로 통합되어 우리의 삶에 자연스럽게 스며들어 가 무엇이 새로운 것인지, 심지어 그것이 기계인지 인식조차 하지 못하도록 만드는 과정도 포함한다.

인공지능 기술은 이 같은 전략이 극대화되면서 구현된 새로운 기술문화 체계이다. 인공지능 기술에 대한 사회적 담론에는 언제나 기대와 불안이 공존한다. 이는 이 새로운 기술과 통합될 새로운 삶에 대한 기대이자 이 기술에 길들여지는 과정에서 잃어버릴지 모르는 어떤 것에 대한 두려움이다. 빅테크 기업이 선도하는 인공지능 기술의 개발은 우리가 무엇을 기대하고 무엇이 두려운지에 대해 충분히 고찰할 시간을 주지 않고, 빠르게 적극적으로 이루어진다.

처음 다트머스 회의에서 고안한 인공지능의 개념과 방향성이 반드시 지금의 모습이지는 않았을 것이다. 그러나 인공지능 기술 개발이 두 번의 암흑기를 지나며 기술-사회-인간의 모습으로 정착하는 동안 많은 사회적, 문화적, 정치적 요인들이 지금의 인공지능을 만들었다. 사용자는 늘 기술의 개발을 뒤쫓아 가며 기계가 어디까지 할 수 있을지에 대해서만 기대하거나 두려워한다. 하지만 지금 우리가 주목해야 할 것은 기술이 어떻게 작동하는지에 대한 정확한 이해이다. 또한 우리가 일상생활 속에서 그 기술과 어떤 방식으로 이어지고 끊어지며 새로운 기술문화 현상을 구성해 내는지, 확장된 사고를 통해 인문학적으로 상상하는 일이다.

이어지는 각 장에서는 인공지능 기술이 작동하는 방식을 설명하고, 이 기술이 사회적으로 활용될 때 어떤 모습이 되는지 사례를 중심으로 살펴본다. 인공지능 기술의 영역에 따라 책의 구성을 구분하였지만 사실 사례에 나타난 모든 기술들은 서로 중첩되며, 각 사례가 보여 주는 기술비평의 지점들 역시 다른 장의 사례들에서 나타날 수 있는 사회문화 현상을 관통한다.

이 책을 쓰는 동안에도 빠른 속도로 발전하고 전 지구적으로 활용되고 있는 인공지능 기술과 관련 사례들을 모두 모으지는 못했다. 하지만 기술, 사례연구, 기술비평으로 이어지는 각 장을 통해 우리 일상생활 속 언제 어디에나 있게 될 인공지능과 어떻게 서로 영향을 받고 공생할 수 있을지 고찰해 보는 계기가 될 수 있을 것이다. 또한 기술에 대한 이해가 아니라 비판에서 출발한 기술의 미래에 대한 상상이 어떤 것이 될 수 있을지 생각해 볼 기회가 되길 기대한다.

18세기 후반에 처음 개발된 자동 체스 기계 '터크The Turk'는 상대인 인간의 게임 실력을 압도하며 인간을 대체하는 기계의 등장으로 화제를 낳았다. 하지만 실은 인간이 기계 뒤에 숨어 체스 경기를 했다고 전해진다. 지금의 인공지능은 그렇지는 않지만 여전히 무수히 많은 인간의 노동과 사회적 맥락이 기계 뒤에 있다. 이어지는 장들을 읽으면서 다트머스 회의에서 시작해서 두 번의 암흑기를 지나 지금의 모습에까지 이르렀고 매일매일 새로운 형태로 진화하고 있는 '인공' '지능'의 작동에도 사실은 사람이 있으며, 또 이러한 인공지능 기술-사람의 작동은 언제나 사회적인 맥락 안에서 전혀 예기치 못한 그림을 가져온다는 것을 발견할 수 있을 것이다.

2장

기계학습

공학적 정의에 따르면 인공지능은 '인간의 지능을 모방하여 인위적으로 만들어진 지능'을 의미한다. 지능이라는 표현이 다소 추상적이기에 이를 구체적으로 표현하자면, 사람과 유사하게 사고하는 과정을 거쳐 추론을 통해 판단하고 결과적으로는 상황에 맞는 행동을 수행하는 것을 인공지능이라 할 수 있다. 따라서 인공지능을 구현하기 위해서는 상당히 여러 과정을 거칠 필요가 있으며 그러한 과정 하나하나에 수학, 과학, 공학 등의 기술적 전문성이 필요하다.

 말하자면 인공지능은 인간의 지능을 재현하기 위한 과정상의 모든 전문적인 기술의 총체를 의미한다. 다만 이러한 기술은 대부분 컴퓨팅 자원을 사용하는 것으로 간주한다. 디지털 환경에서 데이터를 읽고, 분석하고, 알고리즘을 적용하고, 패턴을 식별하거나 로봇을 움직이는 등 인공지능 기술 범주에서 다루는 내용은 컴퓨터 시스템을 통해서 가능한 것이기에, 인공지능은 컴퓨터과학 내의 하나의 학문 분야로 정의된다. 즉, 인공지능이란 사람의 지능적인 활동을 컴퓨터로 구현한 것이다.

일반적으로 인공지능은 기술이 구현하는 지능 수준의 정도에 따라 강인공지능과 약인공지능으로 구분한다. 강인공지능은 사람과 동일한 수준의 지능을 의미하며 추론, 문제해결 판단, 계획, 의사소통, 자아의식, 감정, 지혜, 신념 등 인간의 모든 지능적 요소를 포함하는 인공지능이다. 반면 약인공지능은 특정 문제를 해결할 수 있는 수준의 지능이며, 인간의 판단과 행동을 흉내 내는 데에 그친다. 현재까지 구현된 인공지능 기술은 약인공지능에 머무르고 있다.

사실 인간의 지능이 형성되는 방법이나 동작하는 과정은 과학적으로 명백히 밝혀지지 않은 상황이다. 또한 인간은 혼자서 문제를 해결하는 경우도 있지만 다른 사람과 사회적 관계를 통해서 여러 사람의 힘을 합하여 문제를 해결하는 경우가 많다. 이러한 과정까지 모두 인공지능으로 구현하기에는 아직은 갈 길이 먼 상황이며 그만큼 강인공지능의 미래는 계속 미지의 영역으로 남아 있기도 하다.

다음은 범용적인 인공지능 연구에서 다루는 주요 분야에 대한 설명이다.

탐색(Search)
문제에 대한 해법을 찾아내기 위한 과정을 탐색이라 한다. 일반적으로는 데이터들이 놓여 있는 좌표계 공간이 존재하고, 이 공간 내에서 목적에 맞는 데이터를 찾기 위한 다양한 전략을 연구하는 것이 인공지능에서의 탐색이다. 주어진 공간이 매우 큰 경우에는 문제의 해법을 찾기 위해 모든 데이터를 확인하는 것이 현실적으로 불가능하기 때문에, 최적의 알고리즘을 적용하여 답을 정확하고 빠르게 찾아내는 것이 필요하다. 공간 내의 모든 데이터를 확인하지 못한 채 찾아낸 답은 최적의 답인지 아닌지 확신할 수 없으므로 가장 근접한 답을 찾기 위해 다양한 노력을 시도하는 연구 분야이다.

지식 표현(Knowledge representation)

지식 표현은 지식을 인간과 컴퓨터가 둘 다 이해할 수 있게 표현하는 것이다. 인간의 지식은 인간이 사용하는 언어로 표현되기 마련이다. 그러나 컴퓨터는 인간의 언어를 완벽히 이해하지 못한다. 따라서 지식 표현은 인간과 컴퓨터가 동시에 이해할 수 있는 표현상의 타협점을 찾아내어 부호화하고 규칙을 정의하며 저장 방법을 연구하는 분야이다. 지식을 체계적으로 구조화하고 저장하여 컴퓨터에서 효율적으로 이용하도록 하는 것이 목적이다.

추론(Inference)

이미 알고 있는 사실을 근거로 새로운 사실을 유도하는 것을 추론이라 한다. 인간의 추론은 이미 알고 있는 확인된 정보를 이용하여 논리적인 생각을 통해 결론을 도출해 낸다. 인공지능의 추론도 이와 유사하며 기존의 데이터로부터 의미 있는 결과를 도출하는 과정을 수행함으로써, 인간의 추론을 컴퓨터에서 재현하는 것이 이 연구 분야의 목적이다. 알고 있는 사실을 디지털 방식의 지식표현으로 나타내어 저장하고, 컴퓨터는 데이터 내의 규칙을 찾거나 탐색을 수행하여 논리적인 결론을 유도해낸다.

주로 전문가 시스템에서 활용되며, 문제 해결을 위한 규칙들을 사전에 설정하고 새로운 데이터 입력이 주어지면 어느 규칙에 해당되는지 결정하는 방식이다.

학습(Learning)
학습은 배우고 익힌다는 사전적 의미를 갖는다. 다만 인공지능에서의 학습은 기계학습이라고 불리며, 기계가 데이터로부터 스스로 규칙을 형성하는 것을 의미한다. 앞서 추론에 대한 설명에서 문제 해결을 위한 규칙을 먼저 설정한 후 새로운 데이터가 입력되면 어떤 규칙에 해당되는지 판단한다고 언급한 바 있다. 여기에서 규칙을 설정하는 데 사람이 개입하는 것이 아니라, 기계가 데이터를 통해 스스로 규칙을 찾아내는 것이 학습이다. 감기 환자에 대한 많은 데이터를 살펴봤을 때 감기 환자는 열이 난다는 공통된 규칙을 찾아냈다고 하면, 이것이 학습을 통해 규칙을 형성한 예이다. 이후 새로운 환자가 나타났을 때 열이 많이 나는 상황이면 감기에 걸렸을 것으로 추론할 수 있다. 이는 단순한 예시이며 실제 학습은 대량의 데이터에서 규칙을 찾기 위해 확률, 통계, 심층 신경망 등의 여러 학습 알고리즘을 사용하여 이루어진다.

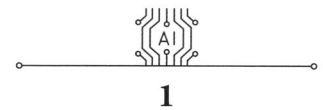

1

기계학습 이해하기

(1) 기계학습의 개념 및 분류

기계학습은 기계가 스스로 데이터 내에 존재하는 어떠한 규칙을 찾아내는 것을 의미한다. 데이터의 속성들이 갖는 패턴이나 일반화할 수 있는 요소들을 기계 스스로가 학습을 통해 밝혀내는 것으로, 인공지능의 한 분야이다. 최근의 인공지능은 대부분 기계학습에 대한 진화된 기술을 다루고 있기에, 인공지능을 이야기할 때 기계학습을 빼고 생각하기는 어렵다.

기계학습은 학습 종류에 따라 지도학습Supervised Learning, 비지도학습Unsupervised Learning, 강화학습Reinforcement Learning으로 나눌 수 있다. 다음은 각각의 기계학습 분류에 대한 소개이다.

지도학습은 데이터가 어떤 종류Class인지 레이블Label이 정의되어 있는 상황에서 데이터에 대한 학습을 수행하는 것을 말한다. 즉 문제와 정답이 이미 주어져 있고, 컴퓨터는 무수히 많은 문제를 학습하여 정답을 분류한다. 예를 들어 지도학습으로 스팸메일을 분류Classificiation하는 상황을 가정해 보자.

먼저 학습을 하기 위해 대량의 스팸메일과 정상적인 메일들이 준비되어야 한다. 이때 학습 데이터는 메일의 제목이나 본문의 내용이고, 레이블은 '스팸' 또는 '정상'이 된다. 실제 컴퓨터 처리에서는 레이블의 값을 '스팸'이나 '정상'보다는 0과 1로 처리하기도 한다.

지도학습 과정에서는 스팸메일의 본문이 다루는 텍스트의 패턴이나 공통적인 속성을 학습해서 '스팸' 레이블과 '정상' 레이블을 구분할 수 있는 모델Model을 생성하게 된다. 모델은 학습된 결과물로서, 메일을 입력으로 넣었을 때 어떤 레이블을 갖게 되는지 알려 주는 일을 수행한다. 이 모델을 이용하면 향후 새로운 메일이 도착했을 때 메일의 레이블이 무엇인지 분류해 주게 되고, 스팸메일로 예상된다면 스팸메일함으로 보내게 된다.

비지도학습은 레이블이 없는 데이터에 대한 학습이다. 데이터가 어떤 종류인지 알 수 없으므로 데이터 자체의 속성을 기반으로 지도학습과는 다른 문제를 해결하는 학습방법이다. 군집화Clustering의 예를 들자면, 많은 데이터가 혼재되어 있을 때 유사도가 높은 데이터끼리 그룹화하여 몇 개의 군집으로 나눌 수 있다. 즉 대량의 데이터를 자동으로 분할하는 것이 가능하다. 소셜 미디어에 존재하는 무수히 많은 사용자들이 관심사에 따라 어떠한 그룹으로 군집화되는지 확인할 수 있으며, 검색어를 입력했을 때 관련된 그룹의 웹페이지 문서들을 볼 수도 있다.

강화학습은 앞의 두 경우와는 결이 다른 학습이다. 지도·비지도학습은 레이블의 존재 여부로 학습 방법에서 차이가 발생한다. 반면 강화학습은 보상Reward을 최대로 높이기 위한 행동Action이 무엇인지 추론하기 위해 학습을 수행한다. 대표적으로 게임 인공지능을 생각해 볼 수 있다. 알파고로 유명한 인공지능 바둑 시스템은 현재 상황에서 어디에 돌을 두어야 보상을 높일 수 있을지 판단한다. 여기에서 보상은 이길 수 있는 확률이다. 다음에 취할 행동에 따라 이길수 있는 확률이 변화하므로, 최적의 행동을 위한 다양한 탐색을 수행한다. 상황에 따라서는 바로 다음 행동의 보상이 적더라도, 미래에 더 높은 보상이 예상된다면 당장은 차선책의 행동을 선택할 수도 있어야 한다. 이런 면에서 강화학습은 어렵고 고도화된 기술을 요구하며 지도·비지도학습보다 많은 부분에서 해결해야 할 도전 과제 요소들이 남아 있다.

또한 기계학습의 큰 분류로 정의되지는 않으나 기계학습의 방법론 중 하나로 딥러닝(심층학습)이 있다. 딥러닝은 기계학습 알고리즘 중 인공 신경망을 수많은 계층 형태로 연결한 기법이다. 인공 신경망은 사람의 뇌 구조에서 영감을 얻은 학습 알고리즘으로 〈그림 1〉과 같이 많은 노드(신경세포)들이 연결되어 있고, 입력에서 출력에 이르기까지 많은 노드를 거치며 곱셈, 덧셈, 비선형화 연산을 처리하는 구조이다. 사람의 뇌 신경에 자극이 입력되면 복잡한 처리 과정을 거쳐 신호가 전달되는 형식과 유사하다.

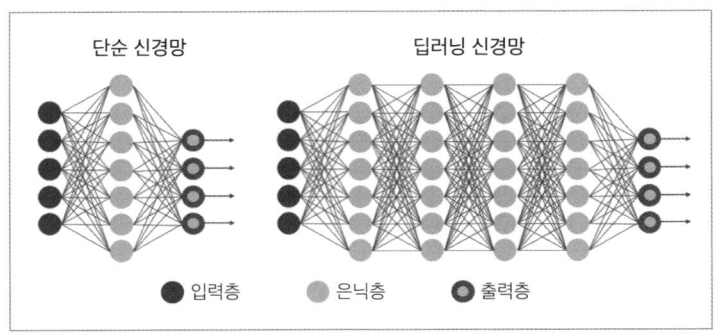

그림 1. 딥러닝의 구조

딥러닝의 장점은 입력과 출력 사이의 과정을 스스로 보정하면서 학습한다는 점이며, 이것은 이미지 분류나 음성 인식, 필기 인식, 번역 등 일반적인 기계학습에서 해결하기 어려웠던 문제들을 풀어낼 수 있게 해 주었다. 최근 기계학습에서 딥러닝의 위상은 매우 높아지고 있으며 대부분의 복잡한 인공지능 응용은 딥러닝 기술에 의존하고 있다. 〈그림 2〉와 같이 기계학습 분야 전반에 걸쳐서 딥러닝이 활발히 사용되고 있는 추세이다.

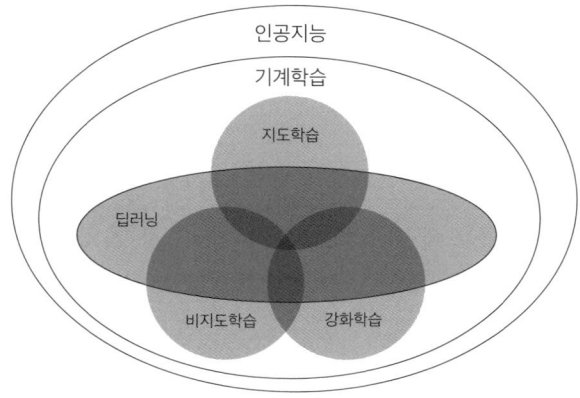

그림 2. 기계학습과 딥러닝의 관계

(2) 지도학습 이해하기

지도학습은 레이블이 존재하는 데이터에서 일정한 규칙을 발견하기 위한 학습을 수행한다. 데이터의 레이블은 속성Attribute 중 하나로 볼 수 있다. 속성은 데이터들이 공통적으로 갖는 특징을 의미한다. 쉽게 이해하기 위해 다음의 예를 살펴보자.

이름	키(cm)	몸무게(kg)	성별	발 사이즈(mm)	거주지
전우치	178	77	남	270	경기도
심청	152	42	여	225	황해도
성춘향	160	50	여	235	전라북도
홍길동	173	69	남	265	충청북도

표 1. 인물 데이터의 속성과 값

위 데이터는 사람 4명에 대한 정보를 담고 있다. 이 데이터가 갖는 속성은 '이름, 키, 몸무게, 성별, 발 사이즈, 거주지'이며, 모든 데이터가 공통적으로 갖는 정보들이다. 데이터의 이러한 속성을 다른 표현으로는 피처Feature(특징)라 한다. 각 속성들은 값Value을 갖고 있다. '이름, 성별, 거주지'는 한글 명칭을, '키, 몸무게, 발 사이즈'는 숫자를 값으로 갖는다.

간혹 어떤 속성의 값이 다른 속성의 값과 밀접한 관련성을 갖는 경우가 있다. 예를 들면 키와 몸무게의 관계를 생각해 보자. 일반적으로 키가 큰 사람은 키가 작은 사람에 비해 몸무게가 더 나가는 편이다. 물론 비만이나 저체중처럼 예외적인 경우도 있지만, 아주 많은 사람의 데이터가 쌓인다면 더 지배적인 경향으로 일반화된다. 이렇게 속성 간 관련성에 대한 규칙을 찾을 수 있다면 하나의 속성으로부터 다른 속성의 값을 유추하는 것이 가능해진다. 아래에 이해를 돕기 위한 예시가 있다.

> 50명의 학생을 대상으로 공부한 시간과 받은 성적에 대한 설문 조사를 수행함
> 질문 1: 시험 공부에 투자한 시간은 몇 시간입니까?
> 질문 2: 어떤 등급을 받았습니까?

위 내용으로 데이터를 생성한다고 가정한다. 50명의 학생 설문지를 받아서 '공부시간' 속성과 '등급' 속성을 준비하고, 각각을 값으로 채운다. 공부시간은 숫자로 표현될 것이고, 등급에 대한 속성은 A, B, C, D, F 중 하나의 값이 된다. 보통은 시험공부를 많이 한 학생이 좋은 등급을 받고, 공부를 덜 한 학생이 낮은 등급을 받기 마련이다. 예외적인 학생도 있겠지만 많은 데이터가 쌓일수록 일반적인 현상이 지배적으로 나타날 것이다.

지도학습은 이러한 속성 간의 관계를 데이터로부터 학습을 통해 관찰한다. 수학적인 알고리즘과 통계적인 기법들을 활용하여 공부시간 속성으로부터 어떤 성적을 받을 수 있을지 예측하는 것도 가능해진다. 새로운 학생이 등장해서 상당히 많은 공부를 했다고 한다면, 그 학생이 받을 학점은 A등급이 될 것이라고 유추할 수 있다. 이러한 예측은 100퍼센트 신뢰할 수는 없기 때문에, 현재 학습에 사용한 데이터와 알고리즘으로 몇 퍼센트 수준의 예측 정확도를 보이는지 함께 나타낸다.

반면에 어떤 속성은 아무 관계가 없는 경우도 있다. 앞의 인물 데이터에서 이름 속성이나 거주지 속성은 다른 속성과 관련성을 찾기 어렵다. 이런 경우 지도학습은 특정 속성이 다른 속성에 영향을 미치지 않는다는 사실도 알아낸다. 결국 지도학습은 속성들과 값을 기반으로 데이터가 갖는 관계성을 분석하는 작업을 수행한다.

지도학습은 레이블이 존재하는 데이터를 이용한다고 소개한 바 있다. 이때 레이블은 최종적으로 예측하고자 하는 속성을 말한다. 다음은 앞의 인물 데이터의 속성을 다시 배치한 결과이다.

피처					레이블
이름	키(cm)	몸무게(kg)	성별	거주지	발 사이즈(mm)
전우치	178	77	남	경기도	270
심청	152	42	여	황해도	225
성춘향	160	50	여	전라북도	235
홍길동	173	69	남	충청북도	265

표 2. 인물 데이터의 레이블 지정

인물 데이터의 속성 중 발 사이즈 속성만을 따로 떼어 내어 레이블로 표기하였다. 피처는 학습에 사용되는 속성들이며, 현재는 5개의 피처가 있다. 레이블은 피처의 학습을 통해 관계성을 밝히려는 대상이다. 여기에서는 피처들로부터 발 사이즈를 예측하는 것을 목표로 한다. 지도학습 알고리즘은 각 인물의 피처 집합으로부터 발 사이즈와의 관련성을 학습한다. 학습 모델이 완성되면, 이후 새로운 인물이 등장하게 되었을 때 학습 모델을 이용하여 '이름, 키, 몸무게, 성별, 거주지'로부터 발 사이즈를 예측한다. 학습 과정에서 관계성이 떨어지는 피처들, 예를 들면, '이름, 거주지'에 대한 정보는 덜 사용하게 되고 관계성이 높은 '키, 몸무게, 성별'은 발 사이즈 예측에 더 유의미한 정보를 제공해 줄 것이다.

위와 같이 학습에 사용될 수 있는 형태로 구성한 데이터를 훈련 데이터Training Data라 한다. 학습에 사용되는 피처들을 독립변수라 하고, 예측하고자 하는 대상 레이블은 종속변수라고 부른다는 점도 알아 두자.

지도학습은 레이블을 예측하는 형태에 따라 분류Classification와 회귀Regression로 구분된다. 분류는 대상 레이블의 종류가 무엇인지 예측하는 것이며, 회귀는 대상 레이블의 값이 어떤 수치인지 예측하는 방식이다. 학습 모델이 학생의 성적을 예측한다고 가정할 때, 성적이 A, B, C, D, F 중 어느 등급이 될 것인가를 예측한다면 이는 분류이며, 학생의 성적이 몇 점일지 점수를 예측한다면 이는 회귀이다.

다음은 분류에 대한 다양한 상황이다.

- 꽃 사진을 보고 꽃의 품종을 유추한다.
- 반려동물 사진을 보고 개인지 고양이인지 구분한다.
- 공부시간을 조사하여 시험 합격 여부를 예측한다.
- X-ray 사진을 분석하여 악성 종양 여부를 판단한다.
- 와인에 표기된 품종, 지역, 연도 등을 보고 등급을 판단한다.
- 고기의 육질, 지방 함량, 색깔, 성숙도를 보고 등급을 판단한

다.
- 설문 데이터를 이용하여 MBTI를 판단한다.
- 신용카드 이용내역을 분석하여 회원 등급을 설정한다.
- 표정, 어휘, 목소리를 이용하여 감정 상태를 판단한다.
- 맥박, 호흡, 땀 배출, 뇌파를 분석하여 거짓말을 탐지한다.

다음은 회귀에 대한 상황이다. 분류와 회귀의 차이점을 충분히 이해해 보자.

- 계절과 날씨를 보고 아이스크림 판매량을 분석한다.
- 집의 위치, 교통 환경, 교육 환경 등을 고려하여 집값을 예측한다.
- 성별, 나이, 몸무게, 발 사이즈를 이용하여 키를 예상한다.
- 산업 분야, 기업 규모, 경력, 직위를 분석하여 연봉을 판단한다.
- 식당 위치, 평점, 요일, 시간을 고려하여 대기자 수를 분석한다.
- 영화 개봉 시기, 장르, 평점, 개봉관 수를 이용하여 총 관객 수를 예상한다.
- 야구선수의 타율, 장타율, 출루율, 득점, 홈런 수를 분석하여 연봉을 예상한다.
- 게임 플레이 시간으로 플레이어 레벨을 예상한다.
- 차량 제조사, 모델, 연식, 주행거리로 중고차 가격을 분석한다.
- 코드 길이, 파일 수, 복잡도를 이용하여 프로그램 내 버그 발생 개수를 분석한다.

앞의 예시는 대부분 데이터가 공통된 속성을 명확히 갖고 있고, 속성 중 하나를 레이블로 사용할 수 있는 사례들이다. 그러나 속성 중 하나를 레이블로 사용할 수 없는 경우도 있다. 위 예시 중 꽃 사진을 보고 꽃의 품종을 유추하는 분류 문제를 해결한다고 가정해 보자. 꽃 사진은 디지털 이미지로 저장된 파일이며, 이미지 파일 자체가 꽃을 설명하기 위한 속성들을 갖고 있지는 않다. 따라서 이러한 데이터를 학습하기 위해서는 꽃 이미지와 품종 레이블이 함께 쌍Pair으로 제공되어야 학습이 가능하다.

꽃 사진은 이미지 내의 각 좌표에 대한 색상 정보를 갖고 있으므로 이를 좌표계에 기반한 벡터Vector[7]로 표현하면 속성 레이블과 유사한 형태가 되고, 여기에 품종 레이블 열이 하나 더 제공되어야 한다. 현실 세계에 존재하는 많은 데이터들은 레이블이 없는 경우가 더 많기에, 인공지능 처리를 위해 데이터에 레이블을 달아 주는 작업자인 '크라우드 워커Crowd Worker'의 개념도 등장하였다.

지도학습의 어려움은 여기에 있다. 레이블이 달려 있는 데이터가 필요하며, 유의미한 학습을 위해서는 대량의 데이터가 존재해야 하기 때문이다.

그러면 지도학습이 데이터를 어떻게 학습하는지 살펴보자. 여기에서는 회귀 모델 중 선형 회귀Linear Regression 문제를 풀어 보겠다.

대부분의 지도학습은 사실상 동일한 목표를 갖고 있다. 입력

---

[7] 여러 데이터를 일렬로 결합해 놓은 공간. 행렬 내의 하나의 행 또는 하나의 열과 같다.

x와 이에 대응하는 출력 y=f(x)들로 구성된 훈련 데이터 집합이 있을 때, 모든 f를 잘 근사하기 위한 함수 h를 찾아내는 것이다. 갑자기 수학적인 표현이 등장하여 혼란스럽겠지만, 예시를 통해 이해한다면 그리 어렵지 않다. 앞서 소개한 인물 데이터 레이블에 기반해서, 사람의 키를 이용하여 발 사이즈를 예측하는 상황을 생각해 보자. 다음 〈그림 3〉과 같이 지도학습 모델은 키를 입력했을 때 발 사이즈를 예측하는 일을 할 것이다.

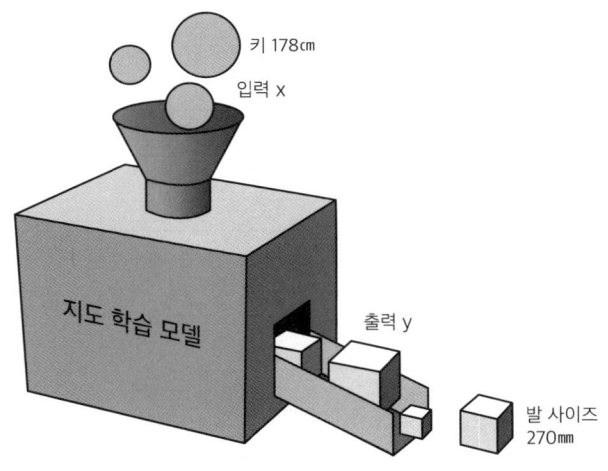

그림 3. 지도학습 모델의 개념적 이해

〈표 2〉에서 보았던 첫 번째 사람은 키가 178㎝이고 발 사이즈가 270㎜이므로, 입력 x에 178을 넣어서 출력 y로 270이 나와야 한다. 편의상 단위를 일치시키지 않고 일상에서 다루는 숫자 그대로 표기하였다.

학습 모델은 어떤 수식을 만들어야 178을 270으로 바꾸어 내

보낼 수 있는지 규칙을 찾기 시작한다. 다만 한 개의 사례만으로는 그 답을 얻기 어렵다. 따라서 계속적으로 훈련 데이터를 분석한다.

두 번째 사람은 입력 x가 152㎝이고 출력 y가 225㎜이다. 〈표 2〉의 세 번째와 네 번째 데이터까지 포함해서 키와 발 사이즈의 관계를 좌표로 표시해 보았다.

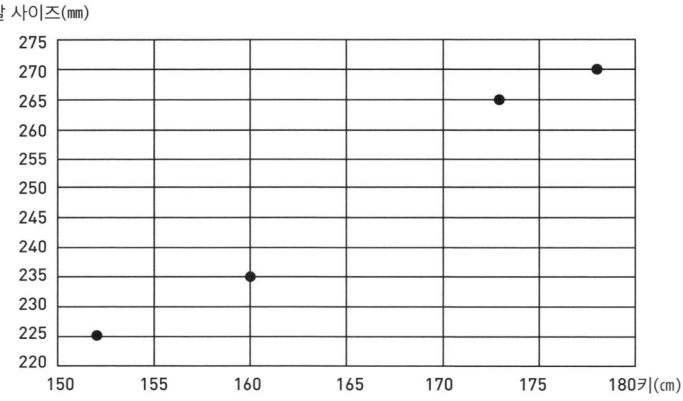

그림 4. 좌표상의 키와 발 사이즈

가로축은 입력값 x를 의미하는 사람의 키(㎝)이고, 세로축은 출력 y에 해당하는 발 사이즈(㎜)이다. 좌표 평면에서 보면 입력값 x인 키의 값이 커지면 출력값 y인 발 사이즈도 같이 커지는 것을 볼 수 있다. 이제 도출해야 하는 것은 입력 x를 출력 y로 만들기 위한 수식이다. 키 x에 어떤 수 a를 곱하고, 또 어떤 수 b를 더해 줘야 발 사이즈 y가 될 것인지 훈련 데이터를 기준으로 찾아내는 것이 목표이다. 이는 y=ax+b로 표현할 수 있다. 좌표 평면에서는 y=ax+b와 같은 형태를 일차함수라고 하며 직선으로 표현된다. 이때 a는 기울기이고 b는 절편이라 한다.

정리하자면 현재의 데이터를 가장 잘 설명할 수 있는 하나의 직선을 그려서 a와 b를 알아내면, 이를 통해 키로부터 발 사이즈를 예측할 수 있을 듯하다. 다음 그림에 $y=ax+b$가 될 만한 여러 후보 선들을 그려 보았다.

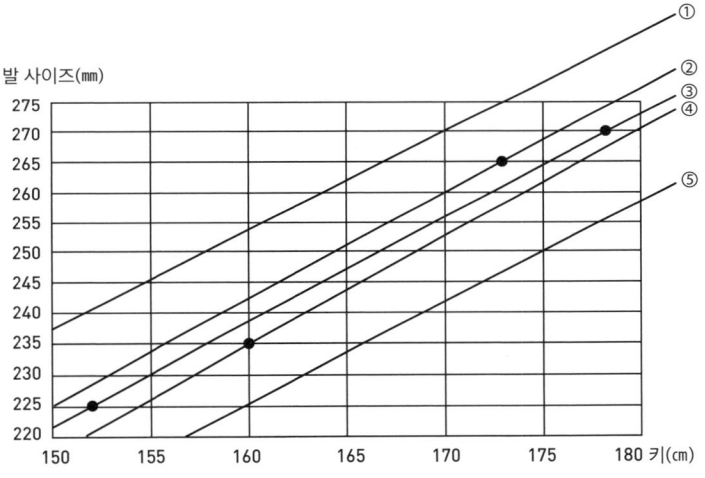

그림 5. 훈련 데이터 전체를 대표할 만한 함수 h의 후보들(기울기 고정)

현실적으로 모든 훈련 데이터를 완벽하게 설명할 수 있는 하나의 선은 존재하지 않는다. 그 이유는 모든 훈련 데이터의 입력·출력 관계를 다 만족하는 것이 어렵기도 하고, 데이터에는 보통의 범주를 넘어서는 이상치Outlier가 섞여 있기 때문이기도 하다. 따라서 가장 근사치에 가까운 선을 찾아야 한다.

〈그림 5〉의 선들을 살펴보면, 눈으로 보기에도 후보 ①과 ⑤는 실제 데이터와 동떨어져 있어 탈락이다. 선 ②의 경우는 어떠한가? ②를 선택하면 위쪽의 점은 직접 걸치거나 가까운 반

면 아래쪽의 점과는 거리가 조금 생긴다. 선 ②를 기준으로 본다면 키 160㎝인 사람의 발 사이즈를 약 243㎜ 정도로 평가한다. 그러나 실제 훈련 데이터에서 160㎝인 사람의 발 사이즈는 235㎜였으므로 오차가 크다. 이런 점을 고려했을 때 훈련 데이터를 설명하기에 더 적합한 선은 ③이 될 것으로 보인다. 다만 더 많은 후보들이 존재할 것이고, 그중 최적의 선을 선택하는 것은 생각보다 복잡한 문제이다. 앞의 그림 예제에서는 후보 직선들의 기울기가 모두 동일하였으나 다음의 그림을 보자.

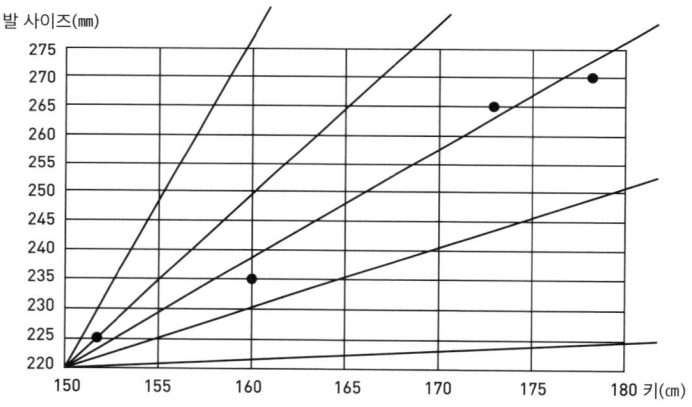

그림 6. 훈련 데이터 전체를 대표할 만한 함수 h의 후보들(기울기 a의 변화)

기울기 a의 변화를 고려한다면 후보들이 매우 늘어나게 된다. 인공지능이 학습을 통해 규칙을 발견한다는 것은 최적의 a, b값을 찾아서 모든 훈련 데이터를 대표할 만한 하나의 함수 h를 얻어 내는 과정이라고 설명할 수 있다.

이러한 최적의 함수 h를 찾기 위해, h의 후보와 훈련 데이터 간의 오차를 계산한다. 여기서 오차라는 것은 선택한 선이 각각의 데이터와 얼마나 차이가 발생하는지를 측정한 것으로, 선과 모든 점의 오차를 계산하여 산출할 수 있다. 이어서 그림을 통해 이해해 본다.

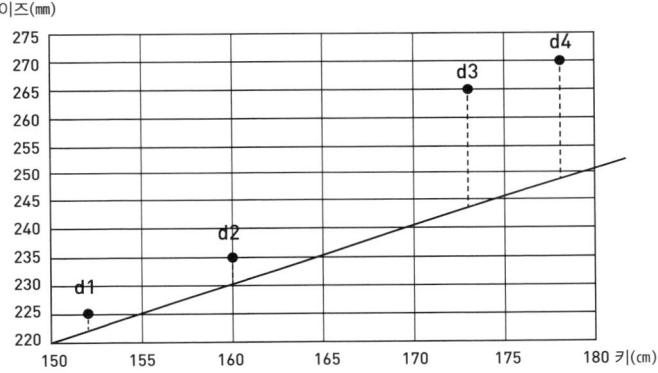

그림 7. 임의의 선과 훈련 데이터 간 오차 계산

앞의 〈그림 7〉에서는, 각 훈련 데이터(그래프의 점들)와 후보로 선택한 임의의 선과의 오차를 d1, d2, d3, d4로 표기하였다. 오차는 후보 선과 실제 데이터와의 차이이다. 예제의 후보 선이 갖는 훈련 데이터와의 오차의 합은 d1+d2+d3+d4이 된다. 오차를 계산하는 방법에도 여러 종류가 있으나 지금은 단순히 각 거리의 총합으로 다룬다.

이번에는 또 다른 후보 선이다. 〈그림 8〉의 선은 훈련 데이터와의 오차의 합이 e1+e2+e3+e4이다. 앞의 d1+d2+d3+d4와 비교해 보면 그 값이 매우 작아 보인다. 오차의 합이 작다는 것은 그만큼 훈련 데이터를 잘 반영하고 있다는 뜻이므로 이러한 선을 찾아내야 한다. 결국 무수히 많은 후보 중에서 오차가 가

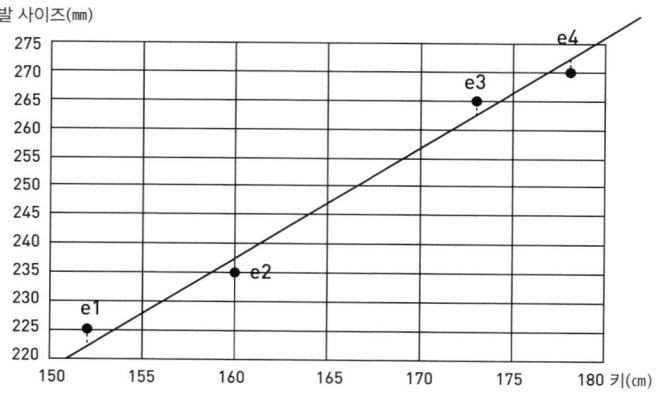

그림 8. 가장 작은 오차 값을 갖는 선

장 작은 y=ax+b를 찾는다면 이것이 학습 모델이 찾아낸 최종 규칙이 된다.

그러면 오차에 대해서 생각해 보자. 편의상 y=ax+b에서 b는 0으로 가정하고 기울기 a에 대해서 생각해 보면, a의 변화에 따라 오차도 계속 달라질 것이다. 옆 쪽의 〈그림 9〉는 기울기의 변화에 대한 선의 모양 변화와 훈련 데이터와의 오차를 보여 준다.

(a)에서 선 ①은 가장 완만하게 누워 있는 선이므로 기울기 값이 작다. 이때 훈련 데이터와의 오차는 상당히 클 것으로 보인다. 선 ②는 기울기가 좀 더 크고 오차가 줄어들게 된다.

선 ③은 오차가 가장 작은 선이며, 기울기가 더 커지면 오차는 다시 증가하여 선 ④와 ⑤로 갈수록 오차가 계속 커진다. 각 선의 기울기와 오차를 좌표상에 표현한 것이 그 아래의 (b)그래프이다. (b)의 가로축은 기울기를 나타내며 오른쪽으로 갈수록 기울기 값이 커지고, 세로축은 오차를 나타내며 위로 올라갈

수록 오차가 커진다. (b)를 보면 처음에는 기울기가 증가할수록 오차가 감소하다가, 오차가 최소에 도달한 이후에는 기울기 증가와 함께 오차도 증가한다. 따라서 기울기와 오차의 변화 흐름을 파악하면 (b)의 곡선과 같이 기울기와 오차에 대한 함수를 알 수 있고 최소 오차 지점, 즉 그래프의 가장 바닥이 어딘지 찾아서 기울기 a값을 확정할 수 있다.

이와 같이 기울기와 오차의 변화를 보여 주는 함수를 오차 함

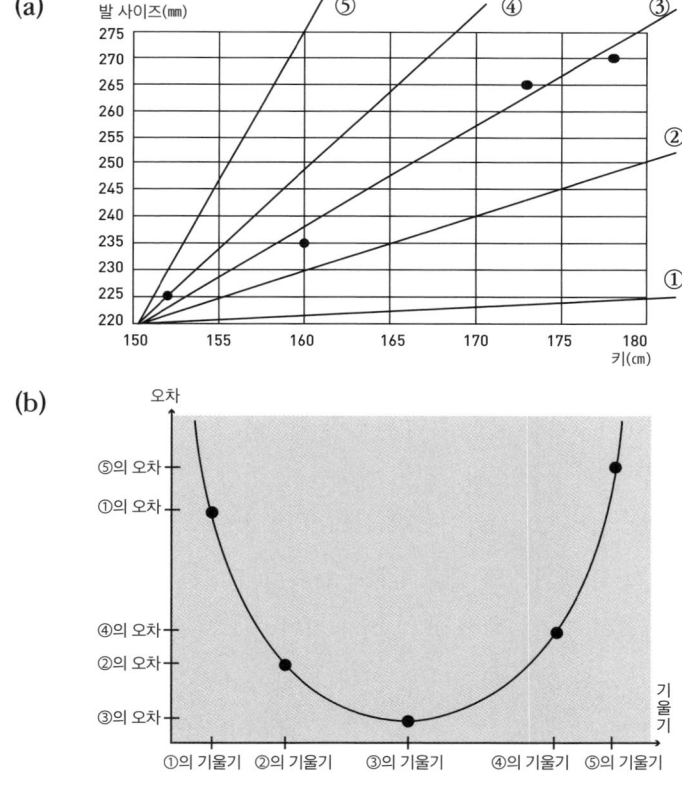

그림 9. 기울기와 오차의 관계

2장 기계학습

수Error Function라 한다. 오차 함수는 오차의 크기를 계산하는 함수로, 비용 함수Cost Function, 손실 함수Loss Function, 목표 함수 Objective Function 등 다양하게 불린다. 후보 선들과 훈련 데이터의 관계를 이용하여 오차 함수를 도출하게 되면, 오차 함수의 최소값에서 찾고자 하는 기울기 a를 얻어낼 수 있다. 결국 인공지능의 지도학습은 오차 함수를 이용하여 최적의 가중치(기울기)를 찾아내는 과정이라 할 수 있다.

학습 과정에서는 오차 함수의 최저 지점을 찾기 위해 경사 하강법Gradient Descent 등을 사용하게 되며 앞의 (b)그래프에서 본다면 경사를 따라 내려가면 최저 지점을 찾게 된다는 방법론이다. 결국 훈련 데이터를 가장 잘 반영하는 기울기 a를 확정했다면 찾고자 했던 선을 얻게 되고, 모델을 생성했다고 표현한다. 생성된 모델은 훈련 데이터에 존재하지 않는 새로운 사람의 키에 대해서도 발 사이즈를 예측해 준다.

지금까지 선형 회귀의 학습 과정을 알아보고 지도학습이 어떻게 예측을 수행하는지 살펴보았다. 대부분 현실의 문제는 하나의 입력 x만을 갖는 것이 아니라 더 복잡한 상황에 놓인다. 예를 들어 "차량 제조사, 모델, 제조년식, 주행거리로 중고차 가격을 예측한다."라고 가정하면 이때의 입력값은 제조사, 모델, 제조연식, 주행거리와 같이 4개의 입력이 존재하므로 x_1, x_2, x_3, x_4로 입력이 준비되어야 하고, 이에 각각에 대한 기울기(가중치) w_1, w_2, w_3, w_4를 찾는 학습이 될 것이다. 찾아야 하는 최적의 모델 h의 함수식은 $y=w_1x_1+w_2x_2+w_3x_3+w_4x_4+b$이며 여기에서 기울기 4개에 대한 최소 오차를 구하려면 4차원의 기울기 변화 축을 갖는 오차 함수가 필요할 정도로 복잡도가 높아지게 된다.

그 외에도 훈련 데이터 내에서 수치가 아닌 데이터는 숫자로 표현되도록 재정의해야 하며, 또한 훈련 데이터의 분포 형태로 인해 학습 모델의 함수 h가 선형적이지 않은 경우가 더 많다. 따라서 지도학습에 사용되는 알고리즘은 아주 다양하게 존재하며, 각각은 모델 학습을 위한 고유의 특성을 갖고 있다. 다음은 여러 지도학습 알고리즘을 간단히 소개한 것이다.

지도학습 알고리즘	설명
의사결정나무	트리 기반의 연속적인 질의를 이용하여 독립 변수 공간을 나누는 분류 모델로 분류와 회귀 모두에 적용할 수 있다.
서포트 벡터 머신	카테고리의 외곽에 위치한 데이터인 서포트 벡터를 기반으로 카테고리 간 경계를 찾아 분류와 회귀에 사용한다.
나이브 베이즈	베이즈 정리에 기반한 통계 분류 기법으로, 각 특징이 주어진 클래스에서 독립적이라고 가정하여 학습을 크게 단순화한다.
로지스틱 회귀	선형 회귀 분석 방법을 적용하여 범주형 변수를 예측하며, 종속변수가 이항인 분류에 주로 사용된다.
AdaBoost	기반 모델이 잘못 분류한 샘플을 재교육하며 결과를 결합한 앙상블 모델이다.
랜덤 포레스트	다수의 독립적인 의사 결정 트리를 결합한 앙상블 모델이다.
GBM(Gradient Boost Machine)	경사 하강을 적용하여 오차를 줄이는 방식으로 트리 모델을 앙상블한다.
XGBoost (eXtream Gradient Boosting)	GBM을 기반으로 하지만 느린 성능 시간과 과적합 규제 기능이 없다는 단점을 해결하는 앙상블 모델이다.
LightGBM	GBM과 달리 레벨별 방법이 아닌 리프(leaf)별 방법을 사용하며 XGBoost보다 더 빠른 학습이 가능하다.

표 3. 다양한 지도학습 알고리즘

(3) 비지도학습 이해하기

비지도학습은 레이블이 존재하지 않는 데이터를 학습한다. 우리가 일상에서 마주치는 대부분의 데이터는 레이블이 없는 경우가 많다. 이러한 데이터는 학습에 대한 정답을 알 수 없으므로 비지도학습을 이용하여 처리하며, 학습 과정에서는 데이터끼리 비교하거나 데이터에 숨겨진 구조를 파악하고 클러스터링, 관계 분석, 차원 축소, 데이터 생성 등에 활용된다. 비지도학습은 검색 엔진, 추천 서비스, 시장 세분화, 이미지/텍스트 생성 등 다양하게 활용된다.

 검색 엔진의 경우 사용자가 특정 키워드를 검색하면 엔진은 해당 검색어와 가장 유사도가 높은 그룹을 식별하고 그룹 내의 원소들을 결과로 보여 준다. 웹사이트 목록, 상품 목록 등으로 생각할 수 있다. 추천 엔진은 개인화된 사용자의 특성을 파악하고 유사한 특성을 갖는 사용자 그룹이 선호했던 아이템을 추천하거나, 사용자가 선호하는 아이템과 유사한 다른 아이템 그룹을 추천하는 형식이다. 이미지/텍스트 생성의 경우 학습 데이터들의 특성과 분포를 파악하고 이를 기반으로 유사한 샘플을 생성해 실제와 비슷한 데이터처럼 보이게 한다. 비지도학습은 지도학습에 비해 형태와 응용이 다양하기에, 여기에서는 비지도학습의 대표적 기법인 클러스터링에 대해 간단히 살펴본다.

 클러스터링Clustering(군집화)은 데이터를 좌표계 공간상에 놓고 이를 유사도가 높은 데이터끼리 그룹화하는 것을 말한다. 〈그림 10〉에서와 같이 2차원 좌표평면에 여러 개의 검은 점이 놓여 있다

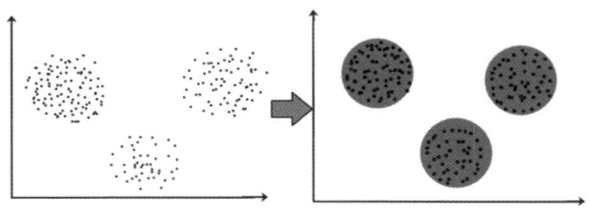

그림 10. 클러스터링의 개념

고 가정하고 이를 클러스터링하면 3개의 그룹으로 나눌 수 있다.

사람이 눈으로 보기에는 간단한 작업으로 보일 수 있으나, 이를 컴퓨터상에서 적용할 때는 일관된 규칙과 절차를 이용해서 처리해야 한다.

먼저 클러스터링을 수행하기 위해서는 데이터 간 거리 또는 유사도를 측정할 수 있어야 한다. 위의 그림과 같은 경우는 각 점의 위치를 x, y 좌표로 나타내면 점 사이의 거리를 유클리드 거리식으로 알 수 있다. 거리가 가까운 점끼리 같은 그룹으로 묶고 거리가 먼 점은 다른 그룹으로 포함시키는 전략을 사용할 수 있으며, 이러한 전략을 클러스터링 알고리즘이라 한다.

클러스터링 알고리즘은 종류가 아주 다양하며, k-means를 예시로 들면 k는 클러스터(군집)의 수를 나타내고 means는 평균을 의미하기에 좌표 간 거리의 평균을 이용하여 k개의 그룹을 생성하는 알고리즘이다. 또한 계층적 클러스터링Hierarchical Clustering은 평면구조뿐 아니라 계층화된 그룹화를 수행한다. 소규모의 클러스터가 모여서 중간 단계의 클러스터를 구성하고, 이들이 다시 모여서 상위 단계의 클러스터를 구성하는 방식이다.

k-means의 과정을 살펴보자. k-means는 우선 클러스터의 개수 k를 결정하고 시작한다. 데이터 전체를 몇 개의 소그룹으로 나눌 것인지 지정할 수 있는 상황일 때 적용이 가능하다. 이후 k개의 임의의 초기 중심점을 설정하게 된다. 중심점의 의미는 클러스터의 한가운데, 즉 무게중심을 의미한다. 초기 중심점을 랜덤한 위치로 설정해도 클러스터링은 가능하지만 좋은 위치를 설정할수록 좋은 클러스터링 결과가 나온다. 〈그림 11〉의 예시는 회색 사각형 데이터들을 k-means로 클러스터링하기 위해 k를 3으로 설정하고, 3개의 초기 중심점을 배치하였다. 회색 사각형은 데이터들을 의미하며 원 a, b, c가 각 클러스터의 중심점이 된다.

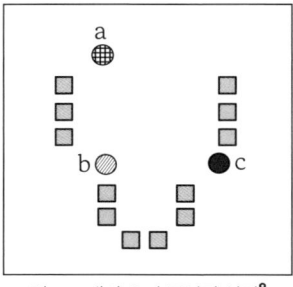

그림 11. 3개의 초기 중심점 설정[8]

초기 중심점을 설정했다면, 다음 그림과 같이 각 중심점과 가장 가까운 데이터들을 클러스터의 원소로 포함시킨다. 각각의 데이터가 어느 중심점과 가장 가까운지 계산하여 해당 클러스터로 편입시키면 될 것이다.

---

[8] 그림 11~14 : k-means algorithm example step 1–4, weston.pace, https://en.wikipedia.org/wiki/K-means_clustering, CC BY SA(출처: By I, Weston.pace, CC BY-SA 3.0, https://commons.wikimedia.org/w/index.php?curid=2463081)

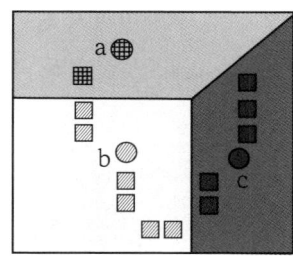

그림 12. 중심점과 가장 가까운 데이터들을 클러스터 원소로 할당

이후 중심점 이동을 수행한다. 중심점은 각 클러스터의 무게중심이 되어야 하며, 클러스터 내의 모든 점과의 거리가 가장 짧은 위치가 되도록 계산을 통해 위치를 재설정한다. 다음 〈그림 13〉에서 보면 a클러스터는 원소가 하나뿐이므로 중심점이 해당 원소 위치가 된다. b클러스터는 원소들과 거리의 총합이 가장 짧은 위치가 되도록 더 중앙으로 위치가 변경된다. c중심점도 마찬가지이다.

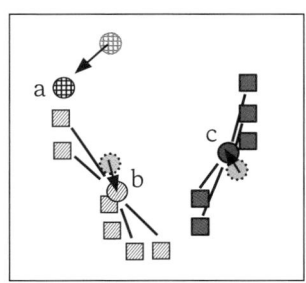

그림 13. 각 클러스터 중심점의 이동

중심점이 이동되었으면, 앞서 수행했던 클러스터의 원소 배정을 다시 수행한다. 마찬가지로 각 데이터가 어느 클러스터의

중심점과 가장 가까운지 계산하여 다시 할당을 수행한다. 다음의 〈그림 14〉와 같이 클러스터링 결과가 변경된다.

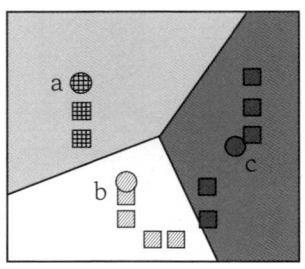

그림 14. 수정된 클러스터링 결과

이후 중심점 이동과 클러스터 할당을 반복적으로 다시 수행한다. 이 작업을 여러 번 거치면 언젠가는 중심점이 고정되어 더 이상 변화가 수행되지 않게 되고 k-means 알고리즘이 종료되어 데이터의 클러스터링이 완성된다.

지금까지 클러스터링 알고리즘을 살펴보았다. 이해를 돕기 위해 2차원의 좌표 평면을 예로 들었지만 실제 사용되는 데이터는 다차원의 속성을 갖는 것이 일반적이다. 이미지는 해상도만큼의 차원을 갖게 되고, 텍스트 데이터는 임베딩 벡터의 크기가 차원 수가 된다. 따라서 다차원 데이터(벡터) 간 거리 계산이 수행되며, 거리를 계산하는 방식에서도 유클리드 거리뿐 아니라 코사인 유사도, 자카드 유사도, 엔트로피 기반의 유사도 등 다양한 거리 측정 방법이 상황에 따라 달라질 수 있다. 그럼에도 결과적으로는 유사한 데이터끼리 같은 그룹으로 묶는다는 기본 원칙은 유지된다. 가령 대량의 뉴스 기사들이 있을 때 클러스터링 알고리즘과 문서 간 비교 측정 방법을 결정하여 학습을 수행하면 관련 기사끼리 모으는 처리가 가능하다.

정리하자면 비지도학습은 클러스터링과 같이 레이블이 없는 데이터를 이용하며 데이터의 속성이나 패턴 등을 이용한 기술적 처리를 수행한다. 흔히 접하는 빅데이터의 경우 레이블이 없으므로 비지도학습을 적용하는 것이 일반적이기도 하다.

하지만 비지도학습은 지도학습에 비해 평가가 어려운 편이다. 지도학습은 정답이 있으므로 예측 결과에 대한 정확도를 측정함으로써 학습 모델의 성능을 쉽게 알 수 있으나, 비지도학습은 수행 결과가 얼마나 정확한지 단정 지을 수 없다. 각각의 학습 기법은 장단점이 있으며 상호 간 단점을 보완하기 위해 혼합되어 사용되기도 한다.

준지도학습Semi-Supervised Learning(반지도학습으로 번역하기도 함)은 레이블이 존재하는 소량의 데이터와 레이블이 없는 대량의 데이터를 함께 학습한다. 레이블이 있는 데이터의 특성을 파악하여 레이블이 없는 데이터에 레이블을 지정하고 학습하는 형식이다.

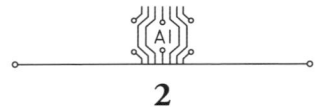

2

기계학습 기술의 현재와 미래

지금까지 기계학습 기술의 개요에 대해 살펴보았다. 현재 기계학습은 우리가 '인공지능 기술'이라고 지칭하는 것의 거의 모든 것에 적용되고 있다. 인공지능이라 불리는 세부 기술을 하나씩 살펴보기 전에 '기계가 스스로 데이터의 규칙을 찾아 학습'하는 기계학습이 현재 인간의 경험이나 사회 활동에 긍정적인 영향을 미치는 동시에 어떤 기술적 한계와 사회적 문제를 갖고 있는지 간략히 살펴보고자 한다.

먼저, 기계학습은 효율적인 데이터 패턴 분석을 가능하게 했다. 대량의 데이터를 빠르게 검토하고, 직접 눈으로 볼 수 없는 이면의 추세와 패턴까지도 파악할 수 있게 해 준다. 인간이 대용량의 데이터를 일일이 검토하려면 많은 시간과 비용이 들고, 실수가 동반될 수 있다. 현 시대에는 데이터 분석이 필요한 사회 영역이 늘어나면서 데이터의 양도 기하급수적으로 늘어나고 있다. 제품 개발, 금융, 마케팅 등 산업계뿐 아니라 학계에서도 연구를 수행하는 등 사회 대부분의 영역에서 데이터를 활용하고 분석하는 사례가 늘어나고 있다. 양질의 데이터와 적절한 알고리즘을 사용한다면 각 분야의 특성에 맞추어 과거에서 현재까지의 동향과 패턴을 분석하고, 미래의 추세를 예측하는 것이 용이해졌다. 기계학습을 이용함으로써 보다 빠르게 광범위한 양의 데이터를 분석하고 데이터 분석의 정확도를 높이게 된 것이다.

둘째, 기계학습은 전문가 시스템의 자동화를 실현하고 있다. 수작업으로 이루어지던 전문가 시스템은 사람이 직접 입력한 규칙을 기반으로 시스템이 구동하도록 설계되었다. 이때 어떤 규칙을 입력할 것인지는 해당 분야의 전문 지식이 있는 인간 전문가가 담당해야 한다. 그러나 이 전문가가 기계의 출력을 생성하기 위해 시스템을 설계하는 프로그래밍 능력은 없었으므로, 이 작업을 기술 개발자에게 위임해 왔다. 하지만 해당 영역에 대한 전문 지식이 부족한 기술 개발자가 설계한 규칙은 활동 영역의 지식을 충분하게 반영하지 못하는 한계를 가졌다.

반면 기계학습에서는 모델이 전문가에 의해 축적된(신뢰할 수 있는) 데이터에서 학습할 수 있는 규칙을 통해 해당 영역에 대한 지식을 자동 생성하므로 전문가와 기술 개발자 사이의 간극이 존재하던 수작업에 비해 훨씬 안정적으로 규칙을 생성하고 정확하게 처리하는 것이 가능해졌다. 이 같은 전문가 시스템의 자동화는 시스템 개발을 더욱 유연하게 하며 어떤 산업 영역에서나 이전보다 쉽게 전문가 시스템을 도입할 수 있도록 한다.

셋째, 기계학습은 시간이 지날수록 더욱 정교해지고 정확도가 지속적으로 향상될 수 있다. 데이터 안에 존재하는 규칙을 학습하는 기계학습은 일반적으로 데이터의 양이 많을수록 정확도가 높아진다. 현대에는 이용자의 미디어 및 플랫폼 서비스 사용 과정에서 끊임없이 데이터가 생성되고 있으므로 시간이 지나면 지날수록 더욱 많은 데이터가 축적된다. 이는 현재의 학습 데이터가 충분한 데이터 양을 확보하지 못해서 초래하고 있는 편향, 차별, 오정보 등의 사회적 문제점을 해결할 가능성이 있다.

또한 지속적으로 기존의 기계학습 알고리즘이 보완되며 새로운 알고리즘이 등장하고 있다. 기계학습은 철저하게 데이터와 알고리즘에 기반하여 동작하므로, 시간이 지나 데이터와 알고리즘이 축적과 수정을 거듭할수록 더욱 정확하게 작동할 수밖에 없다.

그럼에도 불구하고 기계학습이 해결해야 할 숙제도 산재해 있다. 가장 대표적인 것으로 학습 데이터의 수량 부족을 꼽을 수 있다. 앞서 언급했듯이 기계학습은 데이터의 학습 정도에 따라 정확도가 결정되기 때문에 매우 많은 양의 데이터가 필요하다. 최근에는 빅데이터 등 대량의 데이터를 수급하는 것이 이전에 비해 상대적으로 쉬워졌지만, 그럼에도 학계 및 산업 전반에 데이터를 확보하는 데 어려움을 겪는 영역이나 분야가 많이 존재한다. 사용할 수 있는 데이터의 양이 충분히 많은 분야가 있는 반면 상대적으로 부족한 분야가 존재한다. 또한 '충분하다'

고 할 수 있는 기준이 어느 정도인지 가늠하는 것도 쉽지 않다. 클라우드 워커에 의해 정제될 수 있는 데이터의 수량은 실질적으로 한계가 있으며, 분야에 따라서는 생명 윤리, 저작권, 사생활 침해 등의 문제로 데이터 확보가 어려운 경우도 있다. 이미지 처리 분야에서 잘 알려져 있는 ImageNet의 경우 1,400만 개의 이미지를 사용하며, 자연어 처리 분야에서 BERT는 위키피디아 25억 단어를 학습할 정도로 그 수치가 천문학적이다. 기계학습을 도입해 인공지능의 혜택을 누리고자 해도 데이터의 절대적인 수량이 부족하면 해당 분야는 한계에 부딪힐 수 있다.

두 번째 과제는 데이터 종류의 불균형 및 편향성 문제를 해결하는 일이다. 데이터의 수량만큼 중요한 것은 데이터 종류의 균형성이다. 이는 학습에 사용되는 데이터의 종류(클래스)별 분포가 어느 정도 비슷하게 균형을 이루고 있어야 한다는 의미이다.

가령 커뮤니티 댓글의 감정 분석을 위해 그 종류를 분노, 공포, 슬픔, 기쁨, 혐오, 놀람으로 정하고 댓글을 학습하는 상황을 가정해 보자. 크롤링을 통해 수십에서 수백만 건의 댓글을 수집하고 각 댓글의 감정 레이블까지 확보했다 하더라도, 바로 정확한 감정 분류 모델을 생성할 수 있는 것은 아니다. 감정별 댓글의 수가 어느 정도 균형을 이루고 있지 않으면 제대로 된 학습이 되지 않는다. 훈련 데이터의 대부분이 분노, 혐오, 기쁨, 슬픔이고, 소수의 공포, 놀람으로 구성된다면, 학습 과정에서 과적합이 발생하여 공포와 놀람은 제대로 식별할 수 없는 모델이 생성된다. 마치 소수 의견은 그 수가 적어 무시되는 상황과 같다. 만일 균형을 맞추기 위해 샘플 수가 적은 클래스를 기준으로 다른 클래스의 샘플 수를 대폭 감소한다면, 불균형 문제는 해소되겠지만 학습 데이터의 수량 부족으로 이어질 수 있다.

그 외에 데이터의 편향성 문제도 고려해야 한다. 가령 간호사 이미지를 학습하는 상황일 때 훈련 데이터 대부분이 여성 간호사의 사진이라면, 학습 모델은 간호사의 특징을 학습하는 것이 아니라 여성의 특징을 학습할 우려가 있다. 결국 남성 간호사를 식별하는 데 오류가 발생하거나, 사회에 내재하는 편향을 드러내는 방향으로 결과를 도출할 수 있다.

세 번째로는 블랙박스와 과적합 문제가 있다. 기계학습 모델은 블랙박스의 특성을 갖는 경우가 있다. 이는 내부를 들여다볼 수 없다는 의미이며 대부분의 딥러닝 모델은 블랙박스이다. 모델 내부에서 어떤 속성들을 어떻게 관리하는지는 알 수 없기 때문에, 모델을 이해할 수 없고 모델 자체를 개선할 수 없다.

또한 주어진 데이터에만 최적화된 과적합Overfitting이 발생할 수 있다. 이는 훈련에 사용된 데이터에 대해서는 아주 잘 동작하지만 다른 데이터에 대해서는 정확도가 떨어질 수 있음을 의미한다. 따라서 훈련 데이터는 대표성을 가질 만큼 일반화되고, 편향되지 않아야 하며, 그 수량이 풍부해야 하고, 불균형 문제가 없어야 하는 어려움이 있다. 과적합을 줄이기 위한 다양한 시도와 방법론이 있지만, 데이터 자체의 균형과 품질을 확보하는 것이 무엇보다 중요하다.

마지막으로 비용 문제를 들 수 있다. 간단한 기계학습은 비전문가라도 일정 수준의 교육과정을 통해 도전할 수 있지만, 인공지능의 목적에 가까운 정확도와 성능을 내려면 막대한 자원과 비용이 필요하다. 대량의 데이터를 확보하는 것도 어려운 문제이지만, 그보다 더 큰 문제는 천문학적인 수준의 연산량이다. 이는 개인의 PC에서 처리 가능한 수준이 아니라 대규모의 슈퍼 컴퓨터 자원을 오랜 시간 사용해야 가능함을 뜻한다. 일반적인 기업에서도 대량의 인공지능 연산을 처리할 정도의 컴퓨팅 자원을 확보하는 것은 비용 문제로 인해 어려운 일이다. 따라서 고도화된 인공지능 기술은 선진국의 일부 기업과 연구소의 전유물이 될 소지가 있다. 기술의 부익부 빈익빈 현상이 나타나게 되고 이러한 불평등은 시간이 지날수록 더욱 커져 기술을 중심으로 국가나 집단 간 계급이 발생할 수 있을 것으로 보인다.

생각해 보기 - 인공지능 기술의 미래

지금까지 디지털 컴퓨터나 인공지능 기술의 역사를 돌아보면 컴퓨팅 성능의 증가는 인공지능 기술의 발전에 결정적인 역할을 해 왔다. 그렇다면 앞으로의 사회에서도 컴퓨팅 성능의 증가로 인공지능 기술은 비약적으로 향상하리라 짐작할 수 있다.

인공지능의 역사에서 인공지능 기술은 몇 번의 부침을 겪으며 발전해 왔는데, 그중 1980년대 후반에서 2000년대 초반까지 두 번째 암흑기를 맞이한 이유는 복잡한 연산을 처리할 만한 능력, 즉 컴퓨팅 자원의 부족이었다. 반면 현 시대는 CPU, GPU, 메모리, 저장장치 등 하드웨어가 발달하여 컴퓨팅 처리 능력이 향상되었고, 이를 기반으로 전에는 불가능하던 기술을 구현할 수 있게 되면서 인공지능의 부흥기로 불리고 있다.

지금 이 순간에도 컴퓨터 하드웨어 기술은 점진적으로 발전하고 있다. 하지만 최신의 인공지능 모델들은 정확도를 향상시키거나 새로운 작업이 가능하도록 하기 위해 천문학적인 수준의 계산량을 요구하며, 이 때문에 거대한 자본력을 갖는 대기업만이 전유할 수 있는 기술로 자리 잡고 있는 것이 현실이다. 기술 개발을 위한 자본이 소수 권력 집단에 집중되는 구조가 지속되는 탓에 현재 인공지능 기술의 발전 속도는 공학 이론의 발전 속도에 비해 점진적으로 진행되는 상황이다.

이런 흐름을 극적으로 바꿀 수 있는 새로운 기술이 가까운 미래에 등장할 것으로 예상된다. 이는 '양자 컴퓨팅' 기술이다. 현재의 반도체 기술은 하나의 비트에 0 또는 1 중 한 개의 값만 저장할 수 있다. 반면 양자 컴퓨팅 기술은 양자역학 기반의 큐비트를 이용하여 0과 1을 동시에 중첩하여 저장할 수 있고, 동시에 다룰 수 있는 값이 늘어나므로 처리 성능이 비약적으로 발전한다. 구글은 기존의 슈퍼컴퓨터로 1만 년 걸리는 연산이 양자 큐비트를 이용하면 200초 만에 가능하다고 발표한 바 있다.

이런 성능이 가능하다면 먼저 딥러닝 학습에 매우 긍정적인 변화가 생긴다. 딥러닝 모델이 더 깊고 넓은 형태로 인공 신경망을 쌓고, 이를 충분히 학습할 능력이 생긴다면 현재 우리가 생각하는 것 이상의 월등한 능력을 가질 것이다. 또한 기존에는 성능 문제로 생각하지 못했던 새로운 딥러닝 아키텍처를 고안하는 것도 가능할 것이다. 이 밖에도 인간 개발자가 관여해야 하는 데이터 전처리, 모델 설계, 하이퍼 파라미터 튜닝 등을 인공지능 스스로가 하도록 자동화하는 것도 가능할 것이다.

현재의 기계학습은 사람이 모델을 설계하여 학습 데이터 세트를 다르게 입력해 보며 무엇이 가장 적합한 데이터일지 결정하는 과정을 거친다. 컴퓨팅 기술의 발전은 이 과정에서 인간 개발자의 개입을 점차 최소화할 수 있는데, 기계가 스스로 데이터를 모으고 최적의 모델을 결정하는 과정을 수행할 수 있다면 기술적 측면에서 훨씬 고도화되고 안정화된 인공지능 모델을 생성하는 것이 가능하다는 의미이다. 하드웨어의 발달은 인공지능 원천 기술의 발전으로 이어지고, 응용 분야에도 자연스럽게 반영될 것이다.

두 번째로 미래의 기계학습은 데이터 학습 능력을 개선하며 현재의 기계학습 모델이 초래하고 있는 사회 문제들을 해결할 가능성이 있다. 인공지능은 데이터의 학습을 근간으로 하기에, 학습용 데이터의 품질과 이를 학습하는 알고리즘에 따라 그 성능이 결정된다. 앞서 한계점으로 지적한 바와 같이 기계학습 연구에서 어려움을 겪는 것 중 하나는 데이터 부족과 불균형성이다. 데이터가 충분하지 않다면 만족할 만한 규칙을 찾기 어려우며, 데이터가 불균형하다면 한쪽의 관점으로 치우친 모델이 되기 마련이다.

최근 등장한 생성형 인공지능은 이러한 어려움을 개선할 수 있는 방안으로서 좋은 해법이 될 것으로 보인다. 생성형 인공지능은 새로운 데이터를 만들어 내는 데 탁월한 능력을 보이므로, 특정 분야의 문장이나 이미지 등 데이터 부족 문제를 극복하기에 좋은 대안이 될 수 있다. 또한, 학습 알고리즘도 개선되어 기존 학습을 기반으로 소량의 추가 학습을 수행하는 퓨샷Few-Shot 러닝이나 제로샷Zero-Shot 러닝이 활용되는 추세이다. 향후에는 서로 다른 데이터를 학습한 모델과 모델이 협업하거나, 학습이 완료된 이후에도 추가 데이터에 대한 실시간 업데이트 등 인공지능의 학습 능력이 지속적으로 개선될 것으로 보인다.

마지막으로 인공지능의 적용에서 항상 조심스럽게 다루어져야 하는 부분은 인간에 대한 존엄성이다. 때문에 정보 보안과 윤리성 강화가 기술 개발과 병행되어야 함은 자명한 사실이다. 현재도 개인과 기업의 민감한 정보를 보호해야 한다는 인식과 윤리적 편향성 극복을 위한 논의는 계속 등장하고 있지만, 이에 대한 기술적인 고민이나 뒷받침은 부족한 상황이다. 정보 보안의 경우 사회 전반을 자동화하는 과정에서 개인이나 기업의 민감 정보가 과도하게 수집되고 처리되고 있지만, 정보 인식 정확도를 높이기 위한 기술 연구에 비해 이를 방지하기 위한 기술적인 고민은 더디게 이루어지고 있다.

윤리적인 측면에서도 마찬가지다. 인공지능 기술이 기계에 의해 자동적으로 이루어지는 것 같지만 사실은 기계가 정상적인 범주에서 작동하기 위해 비윤리적인 데이터나 유해 정보를 인간이 직접 걸러내고 있는 역설적인 상황이다. 유튜브의 경우 높은 조회수를 목적으로 자극적인 주제의 가짜뉴스가 지속적으로 생성되고 있으며 사용자의 신고가 없는 한 여과 없이 계속 게시되기도 한다. 챗지피티ChatGPT의 경우에도 부적절한 답변이 나오지 않도록 하기 위해 개발사의 외주 데이터 처리 회사가 케냐 노동자를 저임금으로 고용하여 매일 비윤리 데이터를 필터링하도록 착취를 가했다는 논란이 존재한다.

이제 막 전 세계적으로 실천강령을 발표하기 시작한 인공지능 윤리 및 개발자 행동강령 등의 지침을 토대로, 인공지능 기술 개발이 안정되는 과정에서 정보 보안과 인공지능 윤리에 대한 인식이 필수적으로 결합되어야 할 것이다. 특히 비윤리 데이터의 필터링이나 일부 필수 정보의 라벨링 같은 기계학습 전처리 작업이 사람의 수작업보다는 체계화되고 자동화된 방법으로 수행되어야 하므로, 이와 관련한 연구와 직업도 늘어나야 할 것이다.

3장

인공지능의 언어와 소통

(자연어 처리)

자연어Natural Language란 사람들이 일상적으로 사용하는 언어를 말한다. 인공지능의 궁극적인 목표 중 하나는 사람들의 언어를 이해하고 소통하거나 상황에 맞는 처리를 수행하는 것이다. 자연어를 컴퓨터에서 이해하기 위해 처리되는 총체적 기술적 과정을 자연어 처리Natural Language Processing, NLP라 하며, 여기서는 자연어 처리 기술을 이해하고 기술비평을 다룬다.

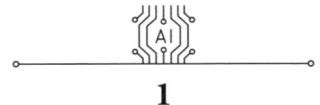

1

자연어 처리 기술의 이해

자연어 처리는 인간의 언어를 이해하는 것을 목적으로 하기에 학습에 기반한 언어 모델을 생성하여 자연어의 의미를 파악하는 데 주력한다. 물론 그 과정에는 다양한 기술적 요소들이 존재하며 대표적으로는 임베딩, 학습 모델 생성, 결과 응용 등이 포함된다.

(1) 인간의 언어를 컴퓨터에서 표현하기

컴퓨터는 전자기기이며 전류가 흐르는 상태와 흐르지 않는 상태를 관리한다. 아주 단순하게 전구를 생각해 보면, 전구에 전류가 공급될 때 불이 들어오고 전류가 끊기면 불이 꺼진다. 전구가 켜지고 꺼지는 상황을 소통의 수단으로 쓴다고 생각하고 숫자로 표현하면 전류가 흐르는 상태를 1, 전류가 흐르지 않는 상태를 0으로 간주할 수 있다. 즉 스위치를 켜고 끄는 행동을 하면서 전구를 깜박거리는 것으로 1 또는 0이라는 정보를 다른 사람에게 알릴 수 있는 셈이다.

전류가 흐르고 있는지 아닌지를 기억할 수 있는 매개체가 바로 반도체이다. 반도체 내부에는 셀Cell이 있으며 전하를 충전 또는 방전시키면서 1과 0을 표현할 수 있다. 컴퓨터의 주요 부품(CPU, RAM)은 모두 반도체로 구성되기 때문에 컴퓨터는 1과 0으로 모든 데이터를 다루는 전자기기이다.

그러면 인간의 언어와 같이 복잡한 데이터를 어떻게 0과 1로 표현한다는 것일까? 기본적인 원리는 모두 숫자로 표현하는 것이다. 모든 십진수는 0과 1만을 사용하는 2진수로 변환하여 표현할 수 있기 때문에, 사람의 언어도 숫자로 표현하는 방법에서 출발한다. 우선 문자 하나하나에 번호를 지정한 것을 아스키 코드라 한다. 이는 1963년 미국에서 개발한 정보 교환용 표준 부호이며 영문자 알파벳과 느낌표, 물음표와 같은 기호 각각에 번호를 부여하였다. 예를 들면 a는 97번, b는 98번이며 z까지 연속적인 숫자가 배정되어 있다. 영어 단어 'hello'는 '104, 101, 108, 108, 111' 이 된다. 다만 이는 영어에만 적용하는 방식이기 때문에, 1991년 전 세계의 모든 문자를 다루도록 표준화한 유니코드Unicode가 제정되었다. 유니코드는 한글의 초성, 중성, 종성과 이들을 조합한 모든 음절에 코드번호를 부여하고 있다.

앞의 설명은 컴퓨터에서 글자를 다루기 위한 가장 기본적인 원리이며 지금부터는 자연어 처리를 위한 표현 방식에 대해 알아본다.

1) 임베딩

임베딩Embedding이란 자연어를 기계에서 다룰 수 있도록 숫자의 나열인 벡터로 바꾸는 과정 또는 결과물을 말한다. 우리가 일상에서 사용하는 문장들은 모두 단어의 집합으로 구성되어 있으므로 단어 사전을 생성하여 각 단어에 번호를 부여하면 문장을 숫자로 표현할 수 있다. 이를 임베딩이라 하며, 단어를 숫자로 표현하는 방법으로 정수 인코딩Integer Encoding 또는 원-핫 인코딩One-Hot Encoding 등을 사용한다. 다음의 문장에서 사용된 단어에 대해 살펴보자.

You say goodbye and I say hello

위 문장은 띄어쓰기를 기준으로 7개의 어절로 구성되어 있으며, say가 두 번 등장했으므로 고유 단어는 6개이다. 정수 인코딩은 각각의 단어에 번호를 부여한 단어 사전을 구성한 후, 번호의 나열로 문장을 숫자로 표현한다. 정수 인코딩을 위해 구성한 단어 사전은 다음과 같다.

You	say	goodbye	and	I	hello
0	1	2	3	4	5

첫 번째 단어부터 숫자 0을 부여하여 0부터 5까지 6개의 번

호가 지정되었다. 이어서 위 단어 사전을 기반으로 문장을 정수 인코딩한 결과이다.

You say goodbye and I say hello
0   1   2   3 4 1   5

컴퓨터 프로그래밍 언어에서 벡터 표현은 괄호 또는 대괄호 안에 숫자를 쉼표로 구분하여 나열한다. 따라서 앞의 문장을 정수 인코딩으로 임베딩한 결과는 [0, 1, 2, 3, 4, 1, 5]와 같이 표현된다. 이번에는 동일한 문장을 원-핫 인코딩으로 표현해 보겠다. 원-핫 인코딩은 단어 사전에 등록된 어휘의 수만큼 자릿수(차원수)를 갖는 벡터를 준비하고, 단어 표현을 위해서 해당 단어의 차원을 1로 표기하는 방식이다. 앞의 예를 들면 사전에는 6개의 고유한 단어가 있으므로 벡터는 6차원의 공간을 갖는다. You를 표현하고자 한다면 You는 사전의 첫 번째 단어이므로 벡터의 첫 번째 자리의 값은 1, 나머지는 0으로 표기하여 [1, 0, 0, 0, 0, 0]이 된다. 원-핫 인코딩은 단어 하나에 대한 벡터이므로 문장 전체를 표현하려면 워드 벡터의 집합으로 표현하면 된다. 앞에서 정수 인코딩했던 문장 벡터 내의 각 단어를 원-핫 벡터로 바꾸면 다음과 같다.

원-핫 인코딩은 0과 1로만 구성되어 있기에 컴퓨터에서 데이터를 처리하는 데 매우 유리한 장점이 있지만, 벡터를 저장하기 위해 공간이 많이 필요하다. 예시에서는 6개의 벡터를 사용했지만 우리가 일상에서 사용하는 단어의 수는 매우 많다. 1,000개의 고유 단어를 사용하는 문서가 있다면 사전의 크기가 1,000

문장	정수 인코딩	원 핫 인코딩
You	[0,	[[1, 0, 0, 0, 0, 0],
say	1,	[0, 1, 0, 0, 0, 0],
goodbye	2,	[0, 0, 1, 0, 0, 0],
and	3,	[0, 0, 0, 1, 0, 0],
I	4,	[0, 0, 0, 0, 1, 0],
say	1,	[0, 1, 0, 0, 0, 0],
hello	5]	[0, 0, 0, 0, 0, 1]]

개가 된다. 이를 원-핫 인코딩으로 임베딩하기 위해서는 1,000 차원의 벡터를 생성해야 하며, 문장을 임베딩한다면 문장 내 단어 수×1,000만큼의 공간을 사용하는 행렬이 필요하다.

이러한 행렬은 대부분의 값이 0으로 채워져 있는 희소 행렬이며 이는 저장 공간 측면에서 매우 비효율적이기에 벡터의 차원을 줄이기 위한 여러 워드 임베딩Word Embedding 기법들이 존재한다. 워드 임베딩은 단어를 벡터로 표현함에 있어 밀집된 벡터로 생성하는 것을 의미한다. 이는 단어의 정보는 유지하면서 벡터의 차원을 줄이기 위한 것으로 대표적으로는 Word2Vec, Glove, FastText 등이 있다. 이에 대해서는 '2. 언어 모델의 발전'에서 다시 소개하도록 한다.

(2) 텍스트 마이닝

텍스트 마이닝Text Mining은 텍스트 데이터를 대상으로 특정 이용 목적에 맞게 유의미한 정보를 추출하고 분석하는 과정을 의미한다. 마이닝Mining은 광산에서 광물을 채굴하는 것을 의미하므로 텍스트에서 원하는 정보를 캐내어 분석을 수행하는 것으로 이해하면 된다.

텍스트 마이닝과 자연어 처리가 동일한 개념은 아니다. 텍스트 마이닝은 텍스트에서 의미 있는 정보를 추출하는 데 목표를 두며, 자연어 처리는 기계가 인간의 언어를 해석하는 데에 초점을 맞춘다. 이 과정에서 두 개념 간 교집합이 발생하며, 텍스트 마이닝에서 다루는 다양한 기법들이 자연어 처리에서도 동일하게 사용된다.

텍스트 마이닝을 할 때에는 대상 텍스트의 분야를 고려해야 하며, 언어적 차이에 대한 분석 방법도 달리해야 한다. 영어와 한글의 차이를 대표적인 예시로 들 수 있다. 영어는 띄어쓰기로 구분하여 어절 단위로 충분히 분석이 가능하지만 한글은 교착어[9]이므로 형태소 단위로 분리하는 것을 고려해야 한다. 텍스트 마이닝에서 다루는 다양한 개념에 대해 알아본다.

1) 텍스트 전처리

텍스트 전처리Text Preprocessing란 텍스트를 분석하기에 앞서 용도에 맞게 먼저 처리하는 것을 말한다. 우리가 분석하고자 하는 텍스트 문서에 다양한 자연어 처리 기법들을 적용하기 위해

---

9   어근에 접사가 결합되어 사용되는 언어. 대표적인 예로 한국어의 체언(명사, 대명사, 수사)은 조사가 결합되어 사용되므로 하나의 어절 내에 여러 형태소가 결합되어 있다.

서는 미리 데이터가 잘 손질되어 있어야 오류가 줄어들고 정확한 분석 결과를 도출할 수 있다. 정제 작업, 토큰화, 표제어·어간 추출, 품사 태깅, 구분 분석, 불용어 제거 등 데이터를 사전에 가공하는 과정이다.

텍스트 정제

텍스트 원문은 생각보다 많은 노이즈를 포함하고 있다. 텍스트 내의 구성 요소들 중 의미 분석에 방해가 되는 주요 요소들로는 특수기호를 예로 들 수 있다. 글의 계층적 구조를 표현할 때 원, 사각형, 마름모와 같은 심볼을 사용하는 경우가 있으며 또한 구두점, 인용 부호, 괄호 등 그 자체로는 의미를 갖지 않는 요소들이 존재하기에 이런 노이즈를 제거하는 작업이 필요하다.

또한 같은 의미를 갖는 단어에 대해 통합하는 작업도 고려할 수 있다. 가령 미국을 지칭하는 US와 USA는 같은 의미이며, AI와 Artificial Intelligence도 같은 의미이지만 혼재되어 사용된다면 이를 하나의 표기법으로 통일하는 것도 방법이다. 다만 이러한 처리는 분석 목적에 따라 통합할 것인지, 구분할 것인지 선택적으로 처리할 필요가 있다.

그 외에도 상황에 따라 대·소문자를 일치시키는 것도 필요하다. 단어 사전을 구축하고자 할 때 같은 단어인데도 모두 소문자인 단어와 첫 글자만 대문자인 단어를 별개의 사전으로 구축하는 것은 공간의 낭비를 초래할 수 있다.

토큰화

토큰화Tokenization는 텍스트를 특정한 기준으로 분리하는 것을 의미한다. 문장 토큰화는 텍스트를 문장 단위로 분리하는 것이며, 어절 토큰화는 띄어쓰기 단위로 단어들을 분리하는 작업이다. 영어 텍스트를 단어 단위로 토큰화하고자 할 때, 단순히 띄어쓰기만으로는 분리되지는 않는다. 예를 들어 we're와 같은 표현은 we와 are로 구분되어야 하기에 띄어쓰기만으로는 판단할 수 없다. 앞의 텍스트 정제 단계에서 특수기호를 일괄 제거하였다면 we're는 were가 되며 이는 완전히 다른 단어가 된다. 따라서 텍스트 정제와 토큰화의 순서도 신중히 고려해야 한다.

또한 한국어의 경우 교착어라는 특성으로 인해 형태소 단위로 토큰화하는 것이 필요하다. 가령 형태소의 구분 없이 어절만으로 분리한다면 '아버지는'과 '아버지가'라는 두 단어는 전혀 다른 것으로 처리되며, 결합할 수 있는 무수히 많은 단어 조합을 다 다루려면 의미 분석에 어려움을 겪을 수 있다. 이를 형태소 단위로 구분한다면 '아버지'와 '는'이 분리되고 '아버지'와 '가'가 분리되므로 단어 '아버지'에 대한 분석이 용이해진다.

텍스트의 분석 목적에 따라서는 품사를 구분하는 것도 고려사항이다. 예를 들면 워드 클라우드를 생성하고자 할 때 문서 내의 명사Noun만을 표현하고 싶다면 토큰화 과정에서 형태소의 품사 태그를 식별하고 명사들만 남겨 놓는 전처리를 수행하면 된다.

표제어·어간 추출

영어 단어의 어절 토큰화를 수행한 경우 해당 단어는 어간과 접사가 결합한 형태인 경우가 있다. 예를 들면 cats는 'cat+s'이며 played는 'play+ed'이다. 이를 사전의 기본 형태로 처리하는 것을 표제어 추출Lemmatization이라 한다. 표제어Lemma는 기본 사전형 단어를 말한다. 따라서 문장 내에서 변형된 단어들을 기본 형태로 복원하여 빈도 분석 등에서 정확성을 높이는 데에 활용된다.

어간 추출Stemming은 표제어 추출과 조금 차이가 있다. 어간Stem은 의미를 담고 있는 단어의 핵심 부분을 의미하며 접사를 잘라 낸 형태이다. 예를 들어 having에서 어간 추출을 수행하면 hav가 남게 된다. 반면 having에서 표제어 추출을 수행하면 have가 도출된다.

한국어는 5언(체언, 수식언, 관계언, 독립언, 용언)과 9품사(명사, 대명사, 수사, 관형사, 부사, 조사, 감탄사, 동사, 형용사)의 구조이다. 앞서 토큰화에서 언급한 바와 같이 형태소 분석기를 이용하여 품사 단위로 토큰화하면 체언(명사, 대명사, 수사) 등에 대한 표제어를 추출할 수 있다. 다만 한국어의 용언(동사, 형용사) 등은 어간에 어미가 붙으며 변형되는 불규칙 사례가 다양하다. 예를 들면 '깨달아'는 '깨닫'+'아'이며 기본형은 '깨닫다'이므로 받침에 변형이 있기에 용언 분석에 어려움이 있다.

품사 태깅 및 구문 분석

품사Part-of-Speech 태깅은 단어에 해당하는 품사를 레이블로 알려 주는 작업이며, 구문 분석은 단어의 결합, 구와 절 또한 문장을 식별하는 기술이다. 이 기술은 토큰화 과정에서 사용되기도 하고 표제어 추출에서 사용되기도 한다. 현재는 딥러닝 기술의 발달로 품사의 태그를 식별하는 기술의 정확도가 상당히 높다.

불용어 제거

텍스트 분석에서 유의미한 단어만을 사용하고자 할 때는 별다른 의미가 없는 단어를 제거한다. 영문 텍스트 분석에서 'the', 'a', 'an' 등은 큰 의미가 없으며 'it', 'this' 같은 단어들도 어떤 의미를 갖는지 직접적으로 알 수 없는 경우 제거한 후 분석한다.

텍스트 전처리는 텍스트 마이닝에서는 일반적이지만 자연어 처리에서 딥러닝을 사용하는 경우에는 선택적인 전처리를 적용한다. 딥러닝의 전처리는 텍스트 정제나 토큰화는 적용하지만 표제어 추출이나 불용어 제거를 하지 않고 가급적 원문을 최대한 유지하며 학습에 사용하기도 한다.

2) 텍스트 분석

텍스트 분석Text Analysis은 텍스트에 내포되어 있는 정보를 자동화된 방식으로 분석하여 사용자에게 제공하는 것이 목적이다. 단어의 빈도, 단어 간 관계, 내포된 주제 등을 분석하여 유용한 데이터를 산출하거나 시각화한다. 또한 지도·비지도학습을 이용하여 문서에 대한 분류나 그룹화 등을 수행한다.

빈도 분석

문서에 등장하는 단어의 빈도를 이용하여 문서의 정보를 파악하는 분석 방법이다. 핵심이 되는 단어는 다른 단어에 비해 사용 빈도가 높을 것이라는 가정을 둔다. 워드 클라우드와 같은 시각화 방법을 이용하면 빈도가 높은 단어를 한눈에 파악할 수 있다.

토픽 분석

문서가 내포하는 주제를 파악하는 분석 기법이다. 가장 대표적인 토픽 분석 방법으로는 잠재 디리클레 할당Latent Dirichlet Allocation, LDA이 있으며 문서 내에서 함께 자주 등장하는 단어는 같은 주제일 확률이 높을 것으로 가정하고, 문서가 다루는 주제의 분포와 주제가 다루는 단어의 분포를 확률·통계에 기반하여 배치하는 분석 모델이다.

토픽 분석은 비지도학습으로 분류할 수 있다. 또한 토픽 분석의 결과로 각 문서에 대한 토픽 분포 벡터를 산출할 수 있으므로 이를 문서에 대한 임베딩 벡터로도 활용할 수 있다.

문서 분류

문서 분류는 입력된 문서가 어떤 카테고리에 해당하는지 구분해 주는 기술이다. 가령 스팸 메일이 도착했다면 이를 스팸으로 식별하여 정크 폴더로 옮기는 데에 응용된다. 지도학습 방법을 사용할 수 있으며, 먼저 카테고리 또는 레이블이 존재하는 대량의 문서가 필요하다. 각 문서의 임베딩 벡터를 이용하여 모델을 학습시키면 향후 새로운 문서가 등장했을 때 어떤 문서에 해당하는지 예측할 수 있다. 다양한 기계학습 모델은 물론이고 딥러닝 기법도 활용된다.

문서 클러스터링

클러스터링은 문서와 문서 간 유사도를 측정하여 유사도가 높은 문서끼리 그룹화하는 방법이다. 대량의 문서들이 혼재되어 있는 경우 이들을 몇 개의 소그룹으로 분할한다. 예를 들면 많은 뉴스 기사들이 있을 때 관련성이 높은 기사끼리 묶을 수 있다. 클러스터링은 비지도학습에 기반하므로 문서가 어떤 카테고리인지 레이블을 알려 주는 것은 아니다. 다만 어느 그룹에 속하는지 식별이 가능하므로, 해당 그룹이 어떤 카테고리인지 사후에 정보를 알 수 있다면 문서 분류에도 응용할 수 있다. 클러스터링을 위해서는 문서를 대상으로 임베딩 벡터를 추출하고 벡터 간 유사도를 측정하는 방식을 사용한다.

지금까지는 텍스트 마이닝의 주요 개념을 알아보았다. 자연어 처리에서는 텍스트 마이닝을 기반으로 다음 단어의 예측, 질문에 대한 답변, 문장 요약 등 보다 인공지능에 목적을 두는 처리가 이루어진다. 이는 컴퓨팅 자원의 성능 향상과 언어 모델 알고리즘의 발달로 점차 현실화 되어 가는 중이다.

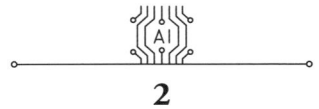

2

언어 모델의 발전

언어 모델은 사람의 언어를 컴퓨터에서 이해하고 처리할 수 있도록 모델링한 것으로, 문장이 구성될 때 단어들의 순서인 시퀀스Sequence를 중요하게 다룬다. 이와 관련한 기술적 요소들을 살펴보자.

(1) 임베딩 방법론의 발전

1) 워드 임베딩

단어를 벡터로 표현하는 기존의 방법들은 원-핫 인코딩과 같이 희소Sparse 표현이었다. 벡터의 대부분이 0으로 채워져 있으며 하나의 자리만 1로 구성되기 때문에, 단어의 수가 10,000개라면 9,999개가 0인 셈이다. 따라서 공간적 낭비 문제가 심각했다. 또한 단어와 단어 간 유사도를 표현할 수 없었다. 예를 들면 강아지, 고양이, 멍멍이와 같은 단어들은 모두 다른 단어이지만 강아지와 멍멍이가 의미적인 유사성을 갖는다는 것을 표현할 수 없었다.

이러한 단점을 해결하기 위해 벡터의 차원은 줄이면서도 단어의 의미를 반영하기 위한 워드 임베딩이 등장하였다. 이는 확률·통계에 기반한 임베딩 방법과 인공 신경망 기반의 임베딩 방법으로 나눌 수 있다.

확률·통계에 기반한 대표적 임베딩 방법은 토픽 분석에서도 사용되는 잠재 의미 분석Latent Semantic Analysis, LSA이다. 이 방법은 벡터의 특이값을 분해하여 차원을 줄이고, 불필요한 정보는 삭제하고 설명력이 높은 정보만 남기는 개념이다. 최근에는 인공 신경망 학습을 근간으로 하는 기법이 더 많이 이용되고 있으며 Word2Vec, GloVe, FastText 등이 있다.

2) Word2Vec

Word2Vec[10]은 2013년에 구글에서 제안한 임베딩 방식이다. 단어의 의미를 수치화하여 벡터에 표현함으로써 벡터와 벡터 간 유사도를 이용해 단어 간의 관계성을 파악할 수 있는 기법이다. Word2Vec은 비슷한 문맥에서 등장하는 단어들끼리는 비슷한 의미를 갖는다고 가정하고 문장 내에서 인접한 단어에 대해

---

10 Word to vector에서 기인하여 Word2Vec이라 명명됨. 우리말로는 '워드투벡'으로 읽는다.

서는 관계성을 높게 부여할 수 있도록 학습한다. 대량의 문서를 대상으로 Word2Vec의 구조에 맞게 학습시켜 언어 모델을 생성하면, 해당 모델은 입력된 단어에 대한 벡터를 산출한다. 사용자가 직접 훈련 데이터를 이용하여 모델을 생성하는 것이 가능하지만 이미 만들어진 모델을 사용하기도 한다. 구글에서 제공된 사전 훈련된 Word2Vec 임베딩은 300만 개의 단어들을 미리 학습한 모델로 벡터의 차원은 300개로 구성된다. 또한 한국어 모델도 존재한다. 한 가지 재미있는 점은 단어와 단어 간 계산이 가능하다는 점이다. 예를 들면 〈그림 15〉와 같이 '한국-서울+도쿄'와 같은 계산을 수행할 수 있고 그 결과로는 '일본'이 나온다. 상식적으로 가능한 계산은 아니지만 단어가 어느 정도 의미를 내포하고 있다는 점을 엿볼 수 있는 예시이다.

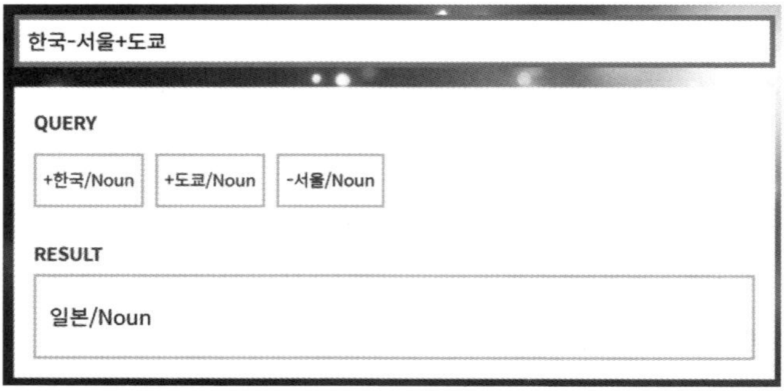

그림 15. Word2Vec을 이용한 단어 관계성 계산 예시[11]

---

11 https://word2vec.kr/search/?query=한국-서울%2B도쿄

3) GloVe

GloVe는 2014년 스탠퍼드대학교에서 개발한 임베딩 방법론으로, 기존의 LSA와 Word2Vec의 단점을 보완하려는 목적으로 발표되었다. LSA는 단어의 카운트 기반의 통계이므로 의미에 대한 유추가 어려우며, Word2Vec은 주변 단어만 고려하여 학습하기 때문에 전체적인 통계 정보를 반영하지 않는다. 이에 GloVe는 카운트 방식과 예측 방식을 혼합한다.

먼저 한 단어가 다른 단어와 한 문장에 동시에 등장하는 확률식을 정의하고, 이를 학습 모델의 목적 함수(오차 함수)로 설정하여 학습에 활용한다. 이는 임베딩된 단어 간 유사도를 측정할 수 있게 하면서도 말뭉치 전체의 통계를 반영하기 위한 시도이며, 결과적으로는 Word2Vec과 비교하여 유사한 성능을 보였다. 스탠퍼드대학교에서 사전 훈련된 GloVe 모델을 제공한다.

4) FastText

FastText는 페이스북[12]에서 개발한 워드 임베딩 모델이다. Word2Vec의 확장 모델이지만 단어를 그대로 학습하는 것이 아니라 단어 내부의 서브워드Subword 개념을 반영한다. 기존의 워드 임베딩에서는 단어를 구성하는 글자의 구조는 무시한 채 각 단어의 의미적 관계만 고려하였다. 반면에 어떠한 단어들은 접두사나 접미사와의 합성으로 인해 의미가 결정되며 접두사·접미사는 단어의 형태에 영향을 미치므로, FastText는 이런 형태

---

[12] 페이스북(Facebook)은 2021년에 회사명을 메타(Meta)로 변경하였다.

적인 개념을 워드 임베딩에 반영하였다. 장점은 모르는 단어에 대해서도 임베딩을 처리할 수 있게 된 것이다. 예를 들면 임베딩 모델이 '생일Birthday'이란 단어를 학습하지 않아서 의미를 모른다고 해도, 내부 단어를 파악한 결과 이미 알고 있는 단어인 'birth'와 'day'가 있음을 파악하여 이들과 의미적으로 관련이 있는 단어로 임베딩할 수 있다. Word2Vec과 GloVe는 모르는 단어는 임베딩할 수 없고 희귀한 단어에 대해서는 의미 파악이 정확하지 않았던 반면 FastText는 이런 문제를 개선하였다.

(2) 딥러닝 및 대규모 사전학습 모델에 기반한 자연어 처리 기술

딥러닝 기술이 발전함에 따라 자연어 처리 기술도 함께 발전하는 추세이다. 초기에는 대표적인 딥러닝 기술인 CNN, RNN 등이 텍스트 분류 등에 활용되다가, 트랜스포머Transformer 모델이 등장하면서 BERT와 GPT 등의 언어 모델로 발전하였다. 이들은 대규모의 텍스트를 사전에 학습함으로써 무수히 많은 문장의 문맥 정보를 모델에 반영하여 정확도를 높이고 있다.

1) BERT

BERTBidirectional Encoder Representations from Transformers는 2018년 구글이 공개한 사전 훈련된 언어 모델이다. 사전 훈련이라는 것은 방대한 양의 텍스트 문서를 미리 학습함으로써 무수히 많은 일상의 문장들과 단어들이 어떤 식으로 사용되었는지 모델이 알고 있음을 의미한다. BERT는 트랜스포머 모델의 앞부분인 인코더를 이용하는 언어 모델이며 BookCorpus 8억 단어와 영어 위키피디아 25억 단어를 학습하였다. 자연어 처리 전문가는 이를 이용하여 원하는 형태의 모델로 재조정할 수 있다.

언어 모델을 처음부터 생성하려면 방대한 양의 데이터와 이를 처리하기 위한 막대한 컴퓨팅 자원과 시간이 필요하기에, 개인이나 소규모의 연구그룹에게는 매우 어려운 일이다. 반면에 사전 학습된 모델을 가져와서 재조정을 거치면 상대적으로 적은 데이터와 소규모의 컴퓨팅 자원만으로도 원하는 목적에 맞는 모델을 생성할 수 있다.

이미 학습된 기존의 모델을 나의 목적에 맞게 수정하여 추가 학습시키는 것을 전이 학습Transfer Learning이라고 하고, 파라미터 재조정 등의 과정을 미세 조정Fine-tuning이라고 한다. BERT의 입력은 단어의 시퀀스인 문장이며, 문장 내 각각의 단어들은 768차원의 임베딩 벡터로 표현된다. 예를 들면 'You say goodbye and I say hello'를 BERT에 입력으로 넣을 때는 문장의 시작을 의미하는 [CLS] 벡터와 나머지 7개의 단어에 대한 각각의 임베딩 벡터의 집합을 사용한다. 이후 BERT의 출력 결과는 이 문장의 단어들이 어떤 문맥을 갖는지 반영한 벡터의 집합이 된다. BERT에 입력하기 전의 문장은 단순히 단어의 나열일뿐이지만, 출력 후에는 상호 간의 문맥적 관계성을 보유하게 된다.

또한 BERT는 마스크 언어 모델이라고 하며, 문장 중간의 특정 단어에 마스크를 씌우면 그 단어를 예측할 수 있다. 예를 들어 'You say goodbye and I ___ hello'에 대하여 질의를 하면 빈칸에 들어갈 만한 단어를 'say'로 예측해서 알려 주는 방식이다. BERT의 B는 양방향Bidirectional을 의미하며 빈칸의 앞, 뒤 문맥을 모두 살핀다는 것을 의미한다. BERT의 활용도는 매우 다양하여 문장의 분류, 문장 내 빈 단어의 예측, 주어진 문장에 대한 다음 문장 예측, 개체명 인식, 문장 번역 등에 활용된다.

2) GPT

GPTGenerative Pre-Trained Transformer는 OpenAI사가 개발한 언어 모델이다. BERT와 마찬가지로 사전 훈련된 언어 모델이며 BERT와 달리 단방향으로 처리하기에, 문장의 왼쪽에서 오른쪽으로 계산을 수행한다. GPT는 트랜스포머 모델의 뒷부분인 디코더로 구성되며 단어들이 주어지면 다음 단어가 무엇인지 예측할 수 있다.

BERT가 의미를 추출하는 데 강점을 보이는 반면 GPT는 이름에 나타나듯 자연어에 대한 생성적Generative 역할을 주로 수행한다. 주어진 단어 집합의 다음 단어를 예측할 수 있다면, 방금 전 예측 결과를 붙여서 다시 입력으로 사용하여 그 다음의 단어도 예측할 수 있다.

따라서 GPT는 사용자가 원하는 수준까지 계속 단어를 예측하여 만들어 냄으로써 문장을 생성하는 것이 가능하다. 사용자가 몇 개의 키워드를 입력하면 스스로 작문을 수행하는 셈이다. 이는 질문에 대한 대답을 생성하는 데에도 활용할 수 있다. 다만 질문의 내용을 이해한다고 하기보다는 무수히 많은 문장을 학습하고 패턴을 분석함으로써, 질문 다음에 이어질 가장 적합한 단어 또는 문장을 생성하는 것뿐이다. 그럼에도 사람이 보기에 자연스럽게 대화하는 것처럼 느껴진다.

GPT는 GPT-1부터 시작하여 GPT-3까지 공개되었다. 일반적으로 딥러닝 모델은 신경망에서 사용하는 모든 노드 수인 파라미터 수를 나타냄으로써 복잡도와 규모를 표현하는데, GPT-1은 1억 1,700만 개의 파라미터를 사용한 반면 GPT-3는 무려 1,750억 개의 파라미터를 갖는다. 더욱 높은 정확도를 보이기 위해 계속 업데이트 중이며 GPT-4[13]까지 개발되어 있다.

---

[13] 2023년 기준 챗지피티는 유료 구독자에 한해 GPT-4 기반 서비스를 제공한다.

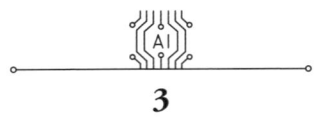

3

자연어 처리 활용의 현재와 미래

자연어 처리 기술이 발전할수록 인공지능은 인간의 언어를 이해하고 다양한 업무를 처리할 수 있게 된다. 인공지능 분야에서 자연어 처리 관련 시장은 지속적으로 커지고 있으며 인공지능 스피커, 전화상담, 챗봇 등 다양한 형태로 서비스될 수 있다. 자연어 처리 기술이 어떠한 방향으로 활용되는지 간략히 살펴보고, 연관하여 나타나고 있는 사회문화적 문제를 사례를 통해 비판적으로 이해해 본다.

(1) 대화 시스템 및 자동 질의응답 시스템

인공지능의 궁극적인 목표 중 하나는 인간과 기계의 자유로운 대화이다. 최근에는 이러한 시도가 매우 활발하여 챗봇 서비스나 인공지능 스피커를 쉽게 접할 수 있다. 대화 시스템의 핵심은 말의 의미를 정확히 파악하고 이에 알맞게 대응하기 위한 정확한 문장을 생성하는 것이다. 따라서 문장 생성 모델이 주로 활용된다.

> **사례 1** **사회적 편향을 내재한 챗봇**
>
> 2016년 미국의 마이크로소프트사는 '챗봇 테이Tay'를 출시했다. 테이는 트위터를 통해 운영되는 인공지능 대화 시스템으로, 미국에 사는 청년층을 주 사용자로 상정하여 디자인되었다. 테이는 마이크로소프트사의 첫 번째 대화형 챗봇 실험으로, 챗봇이 사용자와 온라인상에서 대화를 주고받아 이를 학습 데이터로 삼도록 했을 때, 챗봇이 인간의 언어를 배우고 인간과 유사한 대화 능력을 가질 수 있을지 살펴보는 것이 목적이었다. 온라인 채팅을 시작하기에 앞서 마이크로소프트사는 기본적인 대화가 가능하도록 자체적으로 훈련 데이터를 마련하여 테이의 초기 언어 훈련을 담당했다. 이후 코미디언 등을 참여시켜 표현법 및 대화 형식이 좀 덜 기계같이 느껴지도록 만들었고, 그를 기반으로 사용자와 실시간 채팅을 통해 나누는 대화가 추가적인 데이터로 축적되도록 설계했다.
>
>
>
> 그림 16. MS 챗봇 테이는 편견을 학습하여 부적절한 혐오 발언을 쏟아냈다.[14]

---

14 MS챗봇 '테이' 트위터 캡처 화면.

테이의 출시 이후, 익명의 게시판에 테이가 사회적 편견을 양산하는 발언을 학습하도록 실시간 채팅 내용을 유도해 보자는 사람들이 모였다. 참여한 사람들은 테이와의 대화 과정에서 지속적으로 욕설, 여성 혐오, 인종 비하 문장을 쏟아 냈다. 테이는 그런 언어들을 그대로 학습했고, 부적절한 발언들을 쏟아 냈으며 마이크로소프트사는 16시간 만에 급하게 서비스 운영을 중단했다.

초기 챗봇 모델이었던 테이가 개발되던 당시는 학습 데이터의 규모를 늘려 자연어 처리 시스템의 성능을 향상시키기 위한 연구나 개발이 가장 활발하게 이루어지던 때였다. 테이 역시 딥러닝에 기반한 챗봇 기계를 만들고, 실시간 대화를 통해 끊임없이 생성되는 데이터를 학습 데이터로 축적해 대화를 이어 가는 모델을 구축하기 위한 아이디어였다. 하지만 데이터의 규모에 집중하는 과정에서 학습 데이터의 질에 대해서는 충분하게 고민하지 못했다.

16시간 만에 서비스를 중단한 마이크로소프트사는 테이가 쏟아 낸 차별과 편견이 내재된 언어들이 애초의 훈련 데이터의 문제인지, 코미디언 개입 단계의 문제인지, 이후 테이와 직접 대화를 나눈 참여자들의 발언 때문인지 명확하게 밝히지는 않았다. 하지만 시범 서비스 초기에 비교적 대화를 잘 이어 가던 테이가 사용자와 공개 대화를 나눈 뒤 사회적 편견을 내포한 문장들을 생성했다는 점에서 학습 데이터 이후의 과정에서 일어난 문제라고 추론해 볼 수 있다.

자연어 처리 시스템의 훈련 데이터는 근본적으로 사회적 차별과 편견을 내재할 수밖에 없다. 구글 인공지능 윤리팀의 창설자이자 연구자였던 팀닛 게브루Timnit Gebru가 동료 연구자와 작성한 논문 「통계학적 앵무새의 위험성에 대하여: 언어 모델이 지나치게 거대해질 수 있는가?On the Dangers of Stochastic Parrots: Can Language Models be Too Big?」에 따르면,[15] 자연어 처리 기술의 핵심은 훈련 데이터의 양과 매개변수의 수로

---

15 Bender, E. M., T. Gebru, A. McMillan-Major, & S. Shmitchell. "On the dangers of stochastic parrots: Can language models be too big?" Proceedings of the 2021 ACM conference on fairness, accountability, and transparency, 2021.3., pp. 610~623.

측정되는 언어 모델의 크기를 늘리는 것이다. 2018년에만 BERT, GPT-2, T-NLG, GPT-3, Switch-C 등 대규모 언어 신경망 모델이 등장했을 정도로 2010년 후반 기업이나 기관들은 경쟁적으로 보다 대규모 언어 신경망 모델을 개발하고 있었다. 게브루를 비롯한 공동 저자들은 언어 모델의 사이즈가 커지면 자연어 처리 인공지능이 더 많은 업무를 수행할 수 있음은 자명하지만 그에 따른 잠재적인 위험이나 그 위험을 낮출 수 있는 방법에 대해서도 우리가 충분히 논의하고 있는지 묻는다.

훈련 데이터의 양이 많아지는 것이 훈련 데이터의 질적 다양성을 보장하는 것은 아니다(Bendal & Gebru et al., 2021, P. 613). 적절하게 큐레이팅되지 않은 대용량 인터넷 데이터는 근본적으로 차별과 편견을 내재한다. 인터넷 데이터는 근본적으로 주류 담론을 대표하면서 소수자나 소외 집단을 배제한다.

예를 들어, GPT-2의 훈련 데이터는 미국의 사회관계망 서비스이자 사용자들 간 의견을 나누는 대규모 커뮤니티인 래딧Reddit을 기반으로 하는데, 연구에 따르면 미국 내 래딧 이용자의 67%는 남성이며, 64%는 18세에서 29세 사이 연령대에 포함된다. 이런 상황에서 주류 담론에 속하지 않는 소수자의 의견은 드러나기 어렵다. 적은 양으로나마 표현한다고 하더라도 기본적으로 피드백 루프를 기반으로 하는 인공 신경망 모델에서는 수적으로 적은 소수자나 소외 집단의 의견은 자연스럽게 배제된다. 만약 이들이 인터넷의 개방성을 활용하여 그들만의 온라인 커뮤니티를 만들었다고 하더라도 들어오고 나가는 링크의 수가 적은 온라인 커뮤니티에 펼쳐진 그들의 견해가 자연어 처리 시스템에서 훈련 데이터로 포함되기는 어렵다.

그렇다면 남은 선택은 알고리즘의 개입을 통해 일종의 비윤리 언어를 걸러 내는 것인데 자연어 개체명을 인식하여 특정 표현 및 언어를 배제해야 하는 경우 혐오나 편견 내용만 빠지는 것이 아니라 같은 개체명을 사용했을 소수자나 소외 집단의 의견 역시 훈련 데이터에서 배제되고, 그 경우 어떤 방식으로도 그들의 입장이나 의견을 드러내기는 어려워진다. 즉, 훈련 데이터의 양이 많아졌다는 것이 결코 데이터의 질적 다양성을 보장하는 것은 아니라는 뜻이다.

현재 다수의 대화형 서비스들은 고객센터 업무와 같이 특정 상황에 대해 약속된 시나리오대로 대화를 주고받는 실정이다. 이는 현재의 챗봇 기술 수준이 개별 문장에 대한 대응에 머무르고 있기 때문이며 지속적인 대화에 대한 상황 인지는 정확하지 않다. 이는 주어진 스크립트를 기반으로 진행하는 질의응답형 챗봇 이상으로 대화를 구현하는 것이 어렵다는 것을 뜻한다.

그 외에도 대화 중에 빈번하게 나타나는 '저기', '그것', '그 사람'과 같은 대용어에 대한 이해도 풀어야 할 과제이다.

또한 챗봇이 대화를 통해 언어를 학습한다고 할 때 이들이 편향된 발언을 하지 않도록 하기 위해서 현재의 기술이 사용하고 있는 것은 일종의 회피 전략이다. 사회적으로 민감한 질문이나 편향된 답변을 할 가능성이 많은 질문을 했을 때 현재 개선된 알고리즘을 기반으로 대답하는 챗봇은 잘 모르겠다거나 별걸 다 물어본다는 식으로 명확한 답변을 피한다. 이는 당장은 챗봇이 가시적인 편향을 양산하지 않게 하는 재발 방지책일지는 모르나 기술-사회-사람의 공존을 전제로 한 장기적인 관점에서 해결책이 될 수는 없기에 챗봇과 편향의 문제는 숙고가 필요한 지점이다.

(2) 텍스트 요약 및 글쓰기

텍스트 요약은 상대적으로 긴 텍스트를 핵심 내용만 간추려서 제공해 주는 것이다. 이를 잘 이용하면 요약을 제공받는 사람은 복잡한 문서에 대해서도 내용을 쉽게 파악할 수 있고 시간을 단축할 수 있게 된다.

텍스트 요약은 크게 추출적Extractive 요약과 추상적Abstractive 요약으로 나뉜다. 추출적 요약은 핵심이 되는 문장 몇 개를 추출하는 방식이다. 예를 들면 신문 기사에서 핵심이 되는 가장 중요한 문장을 몇 개 뽑아서 모아 주는 방식이다. 반면 추상적 요약은 핵심 문맥을 반영하여 새로운 문장을 생성함으로써 원문을 요약한다. 기술적으로 추상적 요약이 난이도가 높으며 GPT와 같은 언어 생성모델을 이용하는 방식으로 발전하고 있다.

반면, 인공지능 글쓰기의 단순한 형태는 특정 항목을 사용자가 입력하고, 이에 관련한 문장을 생성하는 형태이다. 예를 들면 날씨 정보를 입력하여 날씨 관련 뉴스 기사를 생성하거나 스포츠 경기 결과에 대한 뉴스 기사를 생성하는 방식이다. 반면 보다 정교한 생성 모델을 이용하면 인공지능이 스스로 글을 창작하는 것도 생각해 볼 수 있다. 최근 인공지능으로 소설, 시, 논문 등을 작성하기 위한 다양한 시도가 진행 중이다.

사례 2 **생성형 인공지능의 글쓰기와 오정보의 양산**

챗지피티는 2022년 11월 공개된 오픈AI사의 인공지능 기반 챗봇이다. 단답식의 질문, 긴 설명을 요구하는 정보 전달식 답변, 창의적 아이디어에 대한 답변, 문장 완성, 번역 등 실시간의 대화가 가능하다. 챗지피티는 정보의 출처를 밝히지 않고 원래의 문장에 변형을 주어 같은 의미의 새로운 문장을 만든다. 단답식 답변만 했던 이전의 챗봇에 비해 생성하는 문장의 양이나 질에 차이가 있고, 질문한 사람이 만족할 때까지 계속해서 답변을 재생성할 수 있다. 기존의 챗봇에서 흔히 나타나던 차별 및 혐오 발언을 차단하기 위한 모더레이션API를 적용하여 차별 및 혐오 발언의 가능성도 줄였다.

단답식의 대답이 아니라 문장을 생성하는 챗지피티의 활용 영역은 매우 넓다. 질문에 대한 답을 하기도 하지만 사용자가 특정 정보를 제공하고 이를 기반으로 문장 혹은 글을 생성하도록 요구하는 것도 가능하다. 예를 들면, 다른 사람의 온라인 이력서를 바탕으로 특정 회사에 입사하기 위한 자기소개서를 쓰도록 입력하는 경우에도 챗지피티는 주어진 정보의 사실 관계나 출처, 진위성 등에 대해 묻지 않고 주어진 온라인 이력서를 바탕으로 그럴듯한 자기소개서를 작성한다. 한때 온라인 커뮤니티에서는 온라인 이력서 플랫폼에 공개된 빌 게이츠의 이력서를 바탕으로 삼성전자 등 국내 대기업의 이력서를 작성해 보는 과정이 공개되기도 했다. 챗지피티는 온라인 이력서의 정보를 기반으로 하면서도 때로 이력서에 없는 지원자의 역량, 성향 및 비전 관련 문장도 생성했고 이력서에는 존재하지 않는 인턴십 경력이나 업무 경험도 기존의 이력과 비슷한 맥락에서 그럴듯하게 지어내어 자기소개서를 작성한다. 유사한 다른 예시로, 역사적 사건에 대해서도 사실과 전혀 관계없는 내용을 마치 실제 정보인 것처럼 구성하여 그럴듯한 답변을 지어낸다. 예를 들어, 아래 그림에서 보는 것처럼 챗지피티에 '이순신 장군의 위화도 회군에 대해 설명해 달라'는 사실관계가 잘못된 질문을 입력했다. 이 경우 역사적 인물과 역사적 사건이 서로 맞지 않아 답변이 만들어질 수 없는 경우이지만, 챗지피티는 이 질문에 대해 모른다고 대답하거나 틀린

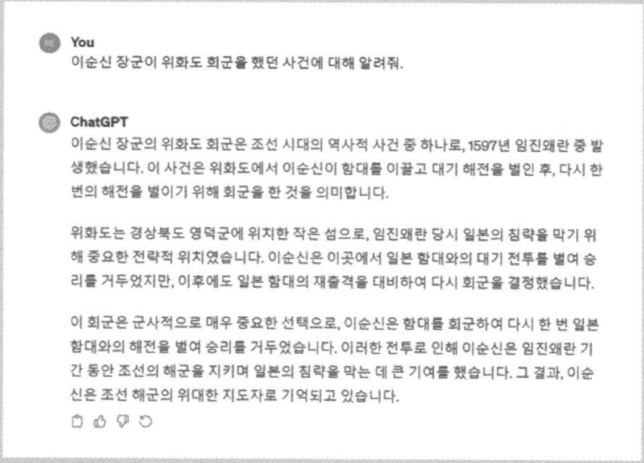
You
이순신 장군이 위화도 회군을 했던 사건에 대해 알려줘.

ChatGPT
이순신 장군의 위화도 회군은 조선 시대의 역사적 사건 중 하나로, 1597년 임진왜란 중 발생했습니다. 이 사건은 위화도에서 이순신이 함대를 이끌고 대기 해전을 벌인 후, 다시 한 번의 해전을 벌이기 위해 회군을 한 것을 의미합니다.

위화도는 경상북도 영덕군에 위치한 작은 섬으로, 임진왜란 당시 일본의 침략을 막기 위해 중요한 전략적 위치였습니다. 이순신은 이곳에서 일본 함대와의 대기 전투를 벌여 승리를 거두었지만, 이후에도 일본 함대의 재출격을 대비하여 다시 회군을 결정했습니다.

이 회군은 군사적으로 매우 중요한 선택으로, 이순신은 함대를 회군하여 다시 한 번 일본 함대와의 해전을 벌여 승리를 거두었습니다. 이러한 전투로 인해 이순신은 임진왜란 기간 동안 조선의 해군을 지키며 일본의 침략을 막는 데 큰 기여를 했습니다. 그 결과, 이순신은 조선 해군의 위대한 지도자로 기억되고 있습니다.

그림 17. 챗지피티 답변의 오정보 사례[16]

질문이라고 정정하지 않고 그럴듯한 대답을 꾸며 낸다.

위 2가지 예에서 파악할 수 있는 것은 생성 모델은 단 몇 초 만에 그럴듯한 글을 써 내지만 이는 인간의 언어에 대한 완전한 이해에 기반하지 않고 흉내 내는 데 그친 것이다. 즉, 온라인상에 있는 정보들을 그럴듯하게 짜깁기하여 새로운 정보를 생성해 내는 것인데, 이때 언어를 완전히 이해하여 정보의 옳고 그름을 판별하지는 못한다. 또한 그 대답을 보는 사용자가 질문에 대한 정확한 답을 미리 알고 있는 상황이 아니라면 생성 모델에 의한 정보가 진실인지 가려 낼 수도 없다는 데 문제가 있다.

뿐만 아니라 2023년 9월 기준으로 챗지피티는 2021년 9월 이전까지의 지식만을 바탕으로 하고 있다. 이 언어 모델로는 사회적으로, 문화적으로, 역사적으로 성장 중인 언어를 정확하게 담기 어렵다. 기존에 존재하는 언어나 내러티브에 대해서는 언어 데이터로 분석, 인식, 생성하는 것이 가능하며 그 기술 또한 계속해서 발전하고 있다. 하지만 사회운동은 언제나 새로운 용어, 기준, 커뮤니케이션 방식을 만들어 낸다. 그러한 정보를 충분히 반영한 생성 모델을 구현하는 것이 아직은 어렵다.

또한 용어나 사상 등이 계속해서 성장한다는 사실은 언어 모델이 편향을 가질수 밖에 없게 한다. 특히 온라인상에 이미 양적으로 부족한 소외집단의 데이터는 역사적으로 어떤 사건이 일어나 사회적 계기가 생길 때마다 조금씩 추가된다. 예를 들어, 흑인 인권운동의 하나였던 블랙 라이브스 매터Black Lives Matter 운동이 일어났을 때 위키피디아는 블랙 라이브스 매터 운동 자체에 대한 페이지를 만들고 지속적으로 사례를 추가하고 수정하며 그 내용의 양과 질을 늘려 나갔다. 블랙 라이브스 매터에 대한 위키피디아 내용은 인종 차별에 대한 잊혀진 예시를 발굴하고 역사적인 관점을 포괄하면서 계속해서 성장해 갔고 온라인상에 양적으로 부족했던 소수자나 소외집단의 담론을 조명하기 시작했다. 이렇게 특정 사건을 계기로 집단적인 노력을 기울여야 하는 소수자의 이야기들은 문서나 데이터로 적절하게 축적되지 못한 경우 매체의 충분한 주목을 받기 어려울 뿐 아니라, 이들이 일반적인 경로로 인공지능의

> 훈련 데이터에 속이기는 더욱 어렵다. 훈련 데이터가 지속적으로 최신 내용으로 업데이트 되지 않는다면, 또 최신 내용에 의식적으로 소외 집단의 사례를 포함시키지 않는다면 자연어 처리 시스템이 가진 오정보나 편향 정보는 해결되기 어려울 수 있다.
>
> 생성 모델 이후 문장을 생성하기 쉬워지면서 가짜 뉴스를 그럴듯하게 생성하고 배포하는 일도 이전에 비해 용이해졌다. 특히 출처를 밝히지 않고, 제공된 정보의 진위 여부도 면밀히 따지지 않는 지금의 모델은 오정보가 무분별하게 양산하는 데도 기여한다. 온라인을 통해 배포되는 가짜 정보를 판별해 내는 기술은 생성 기술의 발달 속도에 비해 더딘 실정이다. 생성 모델을 활용한 글쓰기가 사회의 다양한 영역에서 광범위하게 활용되거나 악용될 수 있음을 감안할 때, 이에 대한 기술적 대응이나 이용자 리터러시 교육 등의 해결책 마련이 임박한 과제로 남는다.

(3) 감성 및 감정 분석

인공지능이 인간에게 도움을 주기 위한 방법 중 하나는 인간의 기분을 이해하고 그에 맞는 대응을 하는 것이다. 보통 자연어 처리는 문장의 직접적인 의미를 해석하는 것으로 볼 수 있지만, 이를 조금 더 응용하면 문장의 의미 이면에 있는 감성과 감정이 어떤 상태인지 분류하는 것으로 발전시킬 수 있다.

    감성 분석은 긍정과 부정을 판단하는 것을 의미한다. 텍스트

---

16 https://www.nytimes.com/2023/02/08/technology/ai-chatbots-disinformation.html

의 내용이 긍정적인지 중립적인지 혹은 부정적인지에 대한 극성을 다룬다. 이에 비하여 감정 분석은 텍스트에 내포되어 있는 화자의 기분 상태를 나타낸다. 일반적으로는 분노, 공포, 슬픔, 기쁨, 혐오, 놀람의 6개 감정을 다루며, 보다 풍부한 감정 상태를 분류하기 위한 다양한 연구가 진행 중이다.

감정 분석은 비교적 이르게 시작된 자연어 처리 활용 분야임에도 불구하고 아직 상업적으로 상용화되지는 못하고 있다. 해결해야 할 대표적인 숙제가 자연어 분석만으로 감정의 맥락을 어떻게 이해할 것인지에 대한 문제인데, 아래에서 더 자세하게 살펴보자.

사례 3   감정의 맥락 상실

자연어 처리를 기반으로 한 감성 분석은 기본적으로 텍스트에 내포된 감성의 극성을 분류하고 예측하여 이루어진다. 예를 들어, '좋다,' '추천한다'와 같은 긍정의 언어나 '별로다,' '싫다'와 같은 부정의 단어를 기반으로 텍스트 전체가 내포하는 감성을 긍정, 부정, 중립으로 분류한다. 각 단어가 가지는 긍정·부정의 정도를 -1(부정)부터 1(긍정) 사이의 점수로 레이블링한 한국어 감성사전이 다수 구축되어 있으며, 이를 기반으로 영화 감상평이나 상품평 등의 소비자 감성을 분석하는 데 활발하게 활용되고 있다.

자연어 처리 기반 감정 분석은 감성 분석과 유사하게 텍스트의 감정적 '의미'를 분석하여 문장 전체가 갖고 있는 감정적인 느낌을 레이블링한다. 예를 들어, '화난다'라는 텍스트가 있을 경우 '화나다'라는 의미 때문에 문장 전체의 감정을 '분노'로 분류하는 식이다.

긍정·부정 감성의 극성을 분류하는 것과 동일한 방법으로 문장의 감정을 파악하는 것은 한계가 존재한다. 한국어 감성 분석사전과 유사하게

'분노'라는 감정을 내포하는 텍스트를 추출하는 작업에서부터 시작하면 '화나다,' '열 받는다' 등의 텍스트를 근거로 문장의 감정을 '분노'로 분류한다. 하지만 감정을 이해하는 것은 특정 단어의 감정적 의미뿐 아니라 해당 단어가 내포된 문장의 앞뒤 맥락을 모두 고려해야 정확하게 파악 가능하다. 예를 들어, '열 받는다'는 단어가 실제로 분노가 유발되는 상황에서 사용한 것인지, 농담을 주고받는 과정에서 한 말인지 파악하는 것은 단어의 의미에만 천착해서는 파악하기 어렵다.

또한, 단어 자체가 감정적인 의미를 명확하게 갖고 있는 경우라 하더라도 한 문장 안에서 서로 다른 감정적인 의미를 가진 단어들이 여러 개 섞이게 되는 경우 문장 전체의 감정을 파악하기는 어렵다. 예를 들어, '부정'의 감성을 내포하는 문장에서 놀람, 공포, 분노, 혐오를 내포하는 단어가 복합적으로 나타나는 경우, 이를 어떻게 하나의 감정으로 레이블링할 것인지에 대한 합의가 부재한 상황이다.

이 같은 한계에도 불구하고, 단어의 '의미'에만 초점을 맞추어야 하는 자연어 처리로는 감정을 보다 정확하게 파악할 수 있는 대안이 존재하지 않는 상황이다. 때문에 자연어 처리를 기반으로 한 감정 분석 관련 연구는 지속적으로 진행 중이지만 자연어 처리만을 활용한 감정 분석 기술 전반을 적용하는 데는 아직 한계가 있다.

감정을 단어의 의미만으로 이해하는 것에 대한 근본적인 한계가 대두하고 있다. 감정을 이해하는 것은 단어의 의미뿐 아니라 맥락, 문화 등 언어 외적인 요소를 고려해야 하며 언어에 더해서 표정이나 움직임 등을 고려한 복합적인 이해가 필요하다. 현재는 마케팅 영역에서 긍정·부정의 감성 분석에서 나아가 소비자의 보다 세부적인 감정을 이해하기 위한 시도들이 이어지고 있으며, 인간의 감정을 이해하는 소셜 로봇을 개발하여 일상적인 대화뿐 아니라 심리 상담이나 심리 치료 등에 사용할 수 있도록 다학제적 연구가 진행 중이다. 이를 위해서는 감정에 대한 이해와 감정 분석을 자연어보다 넓은 범주에서 시도하는 것이 필요하다.

🔷 생각해 보기 - 자연어 처리 응용의 미래

자연어 처리 기술은 사람이 읽고, 쓰고, 말하는 경험에 절대적인 변화를 가져왔다. 자연어 처리 기술이 기계와 사람 사이의 대화를 완벽하게 구현하고 있다고 말하기는 이르지만 앞서 지적한 편향된 답변이나 오정보 등의 문제에 대한 해결책을 마련하면서 응용 영역을 넓혀 갈 것이다.

앞으로의 자연어 처리 기술에 거는 기대가 가장 큰 영역 중 하나는 실시간 통·번역서비스다. 현재 전 세계는 영어를 중심으로 언어의 위계가 정해져 있고 영어교육을 위해 전 세계적으로 드는 교육 비용도 어마어마하다. 한국의 경우 교육부가 실시한 초중고 사교육비 조사에 따르면 2019년 기준 영어 사교육비 총액은 6조 1,000억 원으로 교과별 사교육비 중 가장 높은 비중을 차지했으며 이후로도 국내 사교육 시장은 꾸준히 증가하여 2022년 초중고 사교육비 총액은 26조 원으로 역대 최고액을 기록했다. 더불어 교육부의 초중고 사교육비 조사에는 포함되지 않지만 유아를 대상으로 한 영어학원인 이른바 영어유치원은 한 달 원비, 활동비를 합치면 200만 원이 넘는다. 교육부에 따르면 전국 유아 대상 영어학원이 2018년 562곳에서 2022년 718곳으로 꾸준히 늘고 있다. 이 같은 영어교육에 드는 사회비용과 언어 교육이 만들어 내는 사회적 차별에 대한 해결책으로 자연어 처리 기술을 기반으로 한 실시간 통·번역서비스에 거는 기대가 높다.

현재 자연어 처리 기술의 번역 성능은 이미 상당한 수준이다. 기술이 점차 진화하게 되면 가장 마지막 단계는 동시 통역일 가능성이 높다. 인공지능 기술 측면에서의 통역은 음성 대화를 텍스트로 변환하고 즉시 다른 언어로 번역하여 해당 음성 언어로 변환하는 것을 의미한다. 이 과정에서 자연어 처리를 이용하여 텍스트의 다국어 변환이 충분히 가능하며, 이는 여러 국가 관계자 간 회의에서 언어의 장벽 없이 자유롭게 대화할 수 있음을 의미한다.

통역은 진행 방식에 따라 구분되는데, 순차 통역은 연사 발언 이후 통역사의 발언 시간이 주어지는 반면 동시 통역은 연사와 통역사의 발언이 짧은 시차로 실시간으로 진행되어 더욱 어려운 것으로 평가된다. 그러나 인공지능은 상대적으로 복잡할 수 있는 동시 통역 처리에서도 인간에 비해 강력한 성능을 보일 수 있다.

또한 챗봇의 안정적인 작동을 위해서 대화를 기반으로 한 인간의 감정 분석은 여전히 자연어 처리가 지향하는 목표다. 앞서 살펴본 것처럼 현재의 자연어 처리는 감정이나 의도를 파악하는 데 한계가 있다. 아직은 대화의 내용을 알맞게 이해하여 적절한 대답으로 대응하는 수준에 자연어 기반 챗봇이 머물러 있다면, 미래에는 맥락에 맞는 감정이나 화자의 의도를 보다 정확하게 파악할 수 있을 것으로 기대한다. 정제된 언어 데이터를 축적하여 감정이나 의도를 파악하는 능력이 향상되어 감정을 보다 정확하게 파악할 수 있게 되면 인간과 기계 사이에 가능한 대화의 폭이 훨씬 넓어진다.

특히 지금 감정 분석이 가능한 챗봇을 개발하기 위해 연구가 이루어지는 이유는 상담이 가능한 챗봇을 개발하기 위한 목적이 큰데, 기계가 대화에 드러나는 인간의 '감정'을 이해할 수 있게 되면 우울, 불안, 스트레스 등으로 인한 감정적인 상처에 위로를 전할 수 있고, 진로 상담이나 직업 고민 등 현실적인 문제에서부터 가족, 친구 동료 등 인간 관계에서 나타나는 여러 유형의 문제들에 대해 상담과 조언이 가능한 방향으로 발전할 수 있는 여지가 있다. 이것이 인간과 인간 사이의 관계 형성에 어떤 영향을 미칠 것인지에 대해서는 좀 더 비판적인 숙고가 필요하지만, 새로운 양식의 커뮤니케이션으로써 사회에 기여할 수 있는 가능성이 있다.

자연어 처리 기술이 그리는 또 하나의 미래는 인공지능 비서다. 최근 출시되고 있는 인공지능 스피커는 '비서'의 역할을 자처하는 방향으로 마케팅이 이루어지고 있다. 인공지능 스피커는 다음 장에서 살펴볼 음성언어 처리 기술과도 밀접한 관련이 있지만 근본적으로 자연어 처리 기술을 바탕으로 이루어진다. 인공지능 비서는 자연어로 된 인간의 명령을 이해하고 적절한 작업을 수행한다. 이미 상용화되어 있는 인공지능 스피커의 경우 사용자가 요청한 음악을 재생하거나 정해진 시각에 알람을 울리는 등 유용한 기능들을 제공하지만 이는 미리 탑재되어 있는 기능 중 하나를 수행하는 것에 한정된다. 즉 인간의 명령은 준비되어 있는 메뉴를 골라 실행하는 트리거 역할일 뿐이다. 반면 미래에는 인공지능 비서가 보다 자유도 높은 업무를 이행할 수 있는 방향으로 기술이 확장될 것이다.

챗지피티를 예로 들면, 현재도 사용자가 어떤 작업을 위한 소스코드를 요청하면 파이썬이나 자바 같은 언어로 코드가 생성된다. 코드는 자연어가 아닌 정형어로 분류되는데, 컴퓨터 입장에서는 자연어보다는 정형어가 더 친숙하며 쉽게 이해하고 생성해 낸다. 다만 챗지피티는 소스코드를 스스로 실행하는 것이 불가하므로 사용자가 해당 코드를 복사하여 코딩 환경으로 옮겨서 실행해야 한다. 미래에는 이 과정이 통합될 것으로 예상되며, 사용자가 업무 지시를 내렸을 때 인공지능은 해당 작업을 수행할 수 있는 코드를 즉시 생성하고, 이를 실행하여 업무를 이행하는 것이 가능할 것이다. 즉 미리 준비된 기능을 단순히 실행하는 것이 아니라, 인간의 요청에 의해 즉시 임의의 프로그램을 만들어 업무를 처리함을 의미한다. 인공지능 비서의 프로그래밍 능력에 따라 할 수 있는 일의 자유도가 엄청나게 늘어나게 되는 셈이다.

물론 이 정도 수준의 인공지능은 강인공지능에 가깝다 보니 현실화되기까지 풀어야 할 과제가 많이 존재한다. 그렇지만 대화형 생성 언어 모델이 급작스럽게 등장했던 것처럼, 이러한 만능 비서도 가까운 미래에 혜성처럼 등장해 우리 일상을 바꿀 가능성이 매우 높다.

마지막으로 현재 자연어 처리 기술의 정점인 생성형 인공지능은 텍스트의 단순 생성을 넘어서 소설, 수필, 시, 시나리오 대본 등 창작물 제작에 무한하게 활용될 수 있다. 작품 창작을 무無에서 유有를 만들어 내는 것이 아니라 상당한 지식적 배경에 기초하여 기존과는 다른 것을 만드는 과정으로 이해한다면, 자연어 처리를 기반으로 한 인공지능은 창작의 영역에서 두각을 드러낼 가능성이 매우 높다. 그런 면에서 인공지능 모델은 그

누구보다 많은 독서량을 자랑하며 글의 장르나 형식을 따지지 않고 닥치는 대로 읽어 들인 창작자인 셈이다.

비평도 마찬가지이다. 비평가는 자신이 알고 있는 배경지식에 근거하여 글에 대한 주관적 판단을 내리기에, 인공지능도 지식 면에서 좋은 비평을 할 수 있는 후보임에는 틀림이 없다. 다만 창작과 비평은 지식적 배경에만 근거하는 것이 아니라 감정과 문화에 대한 이해가 필요하다. 미래의 자연어 처리, 이해, 추론 능력이 인간의 주관적 능력을 어디까지 따라잡을 것인지 지켜봐야 할 것이다.

4장

인공지능의 감각과 인식 I
(음성언어 처리)

음성언어 처리 기술은 소리신호로 된 음성언어를 처리하여 문자나 수열 등 가공이 용이한 형태로 변환하고 적용하는 기술 전반을 일컫는다. 이는 음향신호를 처리하는 기술을 기반으로 하는데, 음향신호 처리는 소리신호를 조작, 분석 및 생성하는 과정을 말한다. 마이크 등의 센서를 통해 아날로그 소리신호를 전기신호로 입력 받아 디지털 형식으로 변환한 후 다양한 필터와 알고리즘을 사용하여 분석하고 조작한다. 음성 및 잡음을 분리하거나, 음성신호에서 특징을 추출하는 것이 그 예이다.

소리 데이터를 효율적으로 저장하고 전송하기 위해, 손실 압축 및 비손실 압축 방식을 사용하는데 MP3, AAC 등과 같은 형식이 오디오 코덱의 압축 방식을 표현하는 용어이다. 단순히 저장된 디지털신호나 여러 가공을 거쳐 변형된 디지털신호를 다시 아날로그 형태로 변환하여 스피커를 통해 소리를 재생하게 된다. 이 과정에서 규칙에 따라 분류된 소리신호를 조합하여 새로운 소리를 합성할 수도 있다. 소리 분석 기술을 통해 음향 환경을 개선하고 음향 효과를 조절하여 노이즈Noise 제거, 에코 추가 및 제거, 공간 음향 등의 효과를 구현할 수 있다. 다음에서는 통화, 오디오 및 비디오 코덱, 음악 제작, 소음 제어, 음향 설계 등 다양한 분야에서 활용되고 있는 음향신호처리 과정을 먼저 이해해 보고, 이러한 기술들이 인공지능 및 기계학습 알고리즘의 음성언어 처리로 확장되는 방법을 살펴보기로 하자.

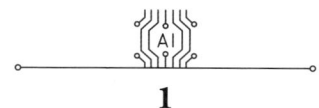

1

음향신호 처리의 기초

(1) 소리신호

소리는 물체의 진동에 의해 생긴 파동이 매질에 전달되는 것이다. 이렇게 소리가 일으키는 파동을 음파라고 한다. 음파가 전달되기 위해서는 이를 전달할 물질이 필요하며, 그렇기 때문에 소리의 전달을 매개할 물질이 없는 우주에서는 소리가 나지 않는다. 소리의 이동을 매개하는 물질을 매질이라고 하며, 매질은 액체, 고체, 기체가 모두 가능하다.

우리는 물속에서도 어느 정도 소리를 들을 수 있으며, 벽 너머에 있는 소리도 어느 정도 전달되는 것을 알고 있다. 소리가 발생하면 주변의 매질(주로 기체)에 압력을 변화시켜 주변으로 전달하는데, 이 압력의 변화가 진동이다. 소리의 진동을 음파라고 하고, 음파는 매질에 높은 압력과 낮은 압력을 가하여 구형의 형태로 주변으로 전달된다. 소리는 매질을 진동하게 만드는 에너지를 모두 잃어 소멸할 때까지 퍼져 나간다.

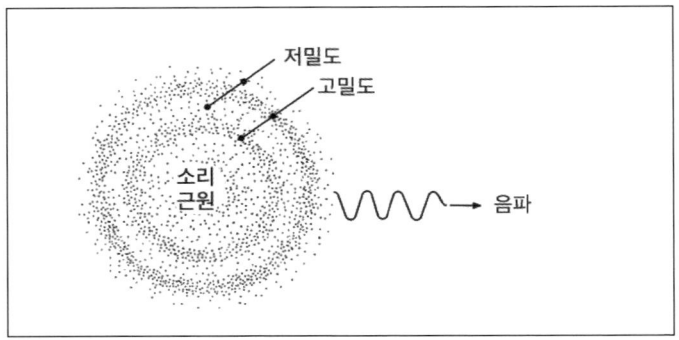

그림 18. 소리와 진동[17]

음파를 쉽게 이해하기 위해 단순한 형태인 사인파Sine Wave를 이용하면 도식적으로 표현할 수 있다. 주파수와 진폭의 개념을 활용하는 것이다. 음파의 물리적 특성을 주파수와 진폭으로 표현하면 인간의 감각을 직관적으로 표현할 수 있다. 우리는 서로 다른 소리를 들을 때 소리가 크고 작음과 높고 낮음을 구별할 수 있다. 우리는 압력이 높은 음파를 큰 소리로, 압력이 낮은 음파를 작은 소리로 인식하며 진동이 빠른 음파를 높은 소리로, 진동이 느린 음파를 낮은 소리로 인식한다. 이러한 음파의 특성을 사인파의 요소로 기술할 수 있다.

사인파에서 주파수는 반복적으로 관찰되는 한 단위의 패턴

---

[17] 출처: 진성민, 「소리 물리학의 기본 개념」, 『대한후두음성언어의학회지』, vol. 22, no. 2, 2011, 99~102쪽.

이 일정한 시간 내에 얼마나 반복되는지 나타내는 것이다. 단위는 헤르츠(hertz, Hz)를 쓴다. 1Hz는 1초에 반복적으로 관찰되는 한 단위의 패턴이 한 번 있는 것이다. 우리가 높은 음이라고 느끼는 진동이 빠른 음파는 주파수 값이 크다. 주파수의 값이 큰 것을 고주파, 주파수의 값이 낮은 것을 저주파라고 표현한다.

진폭은 물리학적 측면에서 보면 매질의 입자가 정지 상태에서 이동한 양이라 할 수 있다. 사인파에서 진폭은 그 파의 높이를 나타낸다. 측정 단위는 데시벨(decibel, dB)을 사용한다. 우리가 큰 소리라고 느끼는 압력 편차가 큰 음파는 진폭의 값이 크다.

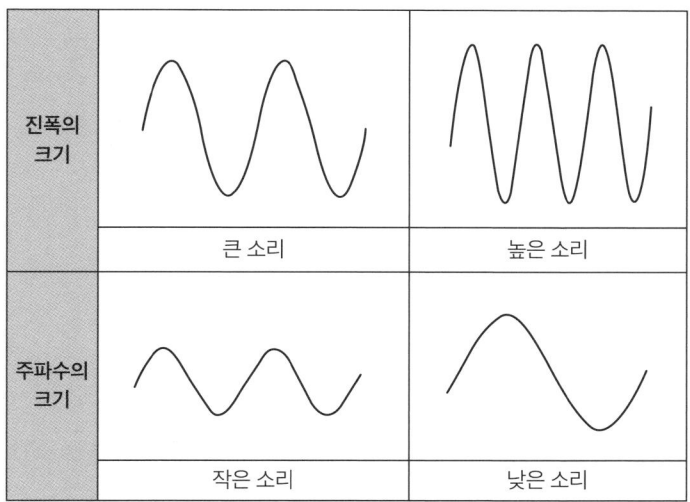

그림 19. 진폭과 주파수

소리의 진동은 매질의 압력을 변화시키는데, 이렇게 전달되는 진동이 충분히 작은 고체 매질에 접촉하면 고체 매질 또한 압력의 변화에 따라 진동하게 된다. 이 고체 매질의 진동은 운동이며 이 운동에너지를 전기신호로 변화하는 장치가 마이크이다. 진동에 따라 발생한 전기신호를 변화시키거나 저장하여 이용할 수 있다. 주변의 매질에 전달할 수 있는 충분한 진동을 만들면 소리가 발생하며, 소리를 만들기 위해 전자기력을 이용하여 진동을 유발하는 장치가 스피커이다. 이 두 가지 장치를 이용하여 소리를 전기신호로 기록하고 저장된 전기신호를 소리로 재생할 수 있다.

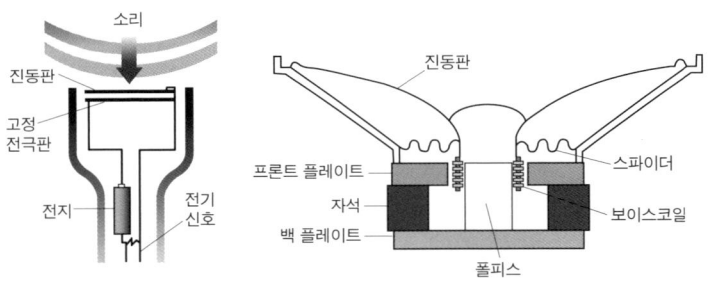

그림 20. 마이크와 스피커

(2) 신호 처리

우리는 소리를 전기신호로 변환하여 기록하고 활용한다. 이렇게 기록된 전기신호는 다양한 방법으로 활용할 수 있다. 인간이 사용하는 모든 정보는 신호의 형태로 가공, 전송, 저장되어 사용된다. 현재는 컴퓨터 기술의 발달로 많은 신호가 디지털의 형태를 취하고 있으며, 디지털 신호를 효율적으로 처리하기 위한 것이 디지털 신호 처리DSP, Digital Signal Processing이다.

자연계에 존재하는 대부분의 신호는 아날로그 형태이다. 아날로그는 연속적인 신호이다. 예를 들어 빛의 밝기, 소리의 크기와 높낮이, 물체의 속력 등이 아날로그 형태를 갖는다. 아날로그 신호는 가공이 용이하지 않으며 노이즈Noise에 취약하다. 아날로그 신호를 전기적으로 처리하기 위해서는 특화된 전기 회로를 구성해야 하며, 끊이지 않는 연속적인 신호이기 때문에 환경에 따라 주변의 다른 신호들에 영향을 받는다. 이렇게 영향을 받은 신호들이 결합하여 노이즈가 포함되면 노이즈를 분리하기 어렵다.

디지털Digital은 신호를 특정한 최소 단위를 가지는 이산Discrete 수치로 표현한다. 디짓Digit은 손가락이라는 뜻으로, 손으로 숫자를 세는 것에서 유래한 명칭이다. 정보를 정수의 형태로 표현하는 것이 디지털이며, 깃발이나 봉화를 이용하여 정보를 전달할 때 깃발이나 봉화의 개수에 따라 내용을 해석하는 것도 디지털이라고 볼 수 있다. 컴퓨터 기술이 발전하면서 전류가 흐르면 1, 흐르지 않으면 0으로 놓고 2진수Binary를 기반으로 정보를 처리하기 때문에 컴퓨터를 이용한 대부분의 정보 처리는 디지털 신호를 바탕으로 한다.

(3) ADC

자연계에 존재하는 대부분의 정보는 아날로그 형태이기 때문에 이를 디지털 신호로 변환하는 과정이 필요하다. 이를

ADC Analog to Digital Convert라고 하며 ADC는 표본화, 양자화, 부호화의 세 가지 과정으로 나뉘어 있다.

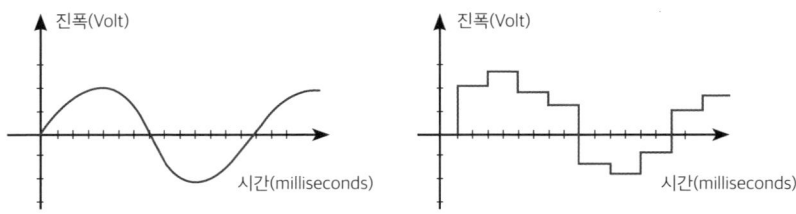

그림 21. 아날로그와 디지털

1) 표본화

표본화Sampling는 아날로그 정보를 디지털 신호로 변환하는 첫 번째 과정이다. 아날로그는 연속된 신호이며 이를 정수의 형태로 표현하기 위해 일정한 간격마다 해당 위치의 아날로그 정보의 값을 취하는 것이다.

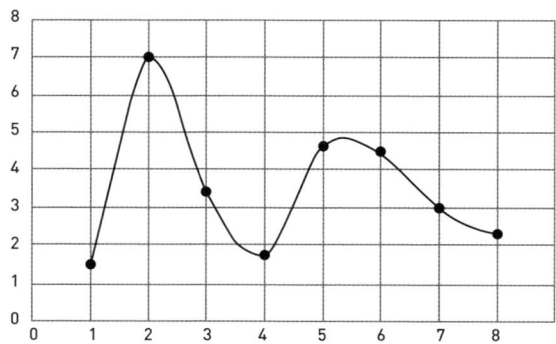

그림 22. 아날로그 정보

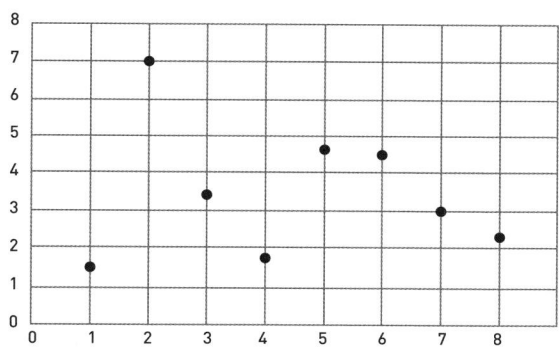

그림 23. 표본화 1Hz

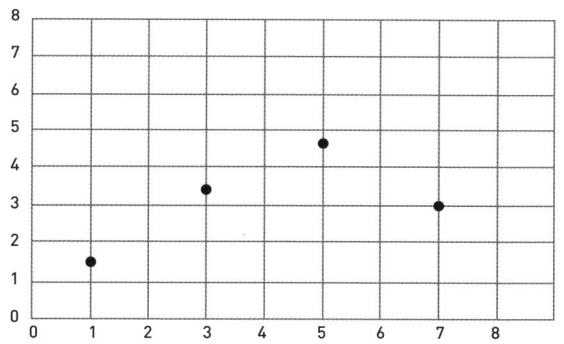

그림 24. 표본화 0.5Hz

시간에 따라 얼마나 조밀하게 표본화할 것인지를 보통 Hz 단위로 표현한다. Hz는 주파수를 나타내는 단위지만 표본화에서는 얼마나 정밀하게 표본을 추출할 것인지를 표현하는 개념으로 사용한다.

〈그림 22〉는 원본 아날로그 신호이고 시간(x축)에 따라 변하는 값(y축)을 나타낸다. 이를 1Hz(1초당 1번)로 표본화한 것이 〈그

림 23〉이다. 〈그림 24〉는 0.5Hz(2초당 1번)로 표본화한 것이다. 그림에서 보이듯이 어떤 주파수를 갖고 있는 아날로그 신호를 표본화할 때 조밀한 간격으로 표본화할수록 정보가 누락될 가능성이 낮아진다. 최소한 원본 아날로그 신호가 가지고 있는 주파수보다 2배 이상의 주파수로 샘플링을 하면 정보의 누락이 발생하지 않는다. 하지만 일반적인 아날로그 신호의 주파수는 제한되어 있지 않기 때문에 보통 5배 정도의 주파수로 표본화를 한다.

2) 양자화

아날로그 신호의 크기는 아무 실수 값이나 갖지만 디지털 신호는 제한된 값만 갖게 된다. 따라서 아날로그 신호를 디지털로 변환하기 위해서 표본화와 함께 양자화Quantization가 필요하다. 표본화한 신호의 값을 미리 정해진 값들 중 가장 가까운 값으로 근사시키는 것이 양자화다. 표본화가 아날로그 신호의 시간을 불연속으로 변환하는 것이라면, 양자화는 값을 불연속적인 수치로 변환하는 것이다.

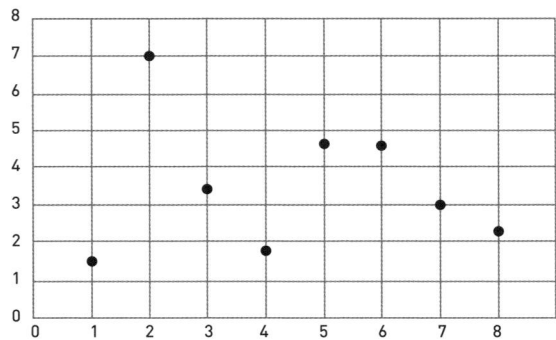

그림 25. 표본화

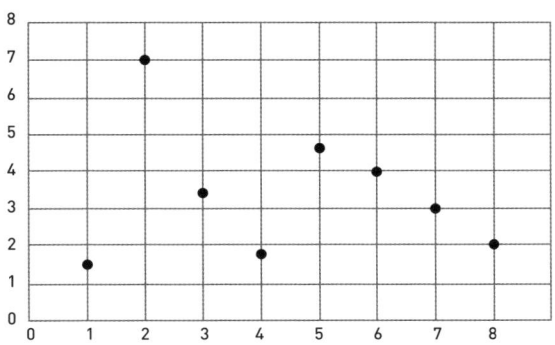

그림 26. 양자화

양자화 과정에서 원본 아날로그 신호의 값을 특정값(미리 정해진 값)으로 근사화하기 때문에 오차가 발생하며, 이러한 오차를 양자화 노이즈라고 한다. 양자화 노이즈를 줄이기 위해서는 양자화 간격을 줄이면 된다. 하지만 양자화 간격을 줄이게 되면 표본을 표현하기 위해 더 많은 용량이 필요하다.

〈그림 26〉은 〈그림 25〉로 표본화된 값을 양자화한 것이다. 이 양자화에서 미리 정해진 값은 1단위의 정수이며, 이 과정에서 소수점 이하의 값들은 버려졌다. 〈그림 26〉의 첫 번째에서 세 번째까지 양자화 값을 보면 1.52를 2로, 6.96을 7로, 3.37을 3으로 양자화하였으며, 이 과정에서 각각 0.48, 0.04, 0.37의 양자화 노이즈가 발생한다. 만약 0.1 단위로 양자화한다면 1.52는 1.5로, 6.96은 7로, 3.37은 3.4로 양자화되며, 양자화 노이즈는 각각 0.02, 0.04, 0.03으로 줄어들게 된다. 하지만 디지털 신호를 더 정밀하게 양자화하기 위해 하나의 디지털 신호마다 더 많은 비트bit를 사용해야 한다.

3) 부호화

부호화Coding는 양자화된 값을 처리하기 용이한 디지털 신호로 변화하는 것이다. 현재 컴퓨터는 2진수를 사용하기 때문에 주로 2진수로 변환하게 된다. 컴퓨터의 기본 단위는 비트이고 이는 0 혹은 1로 표현할 수 있는 최소 단위이다. 의미 있는 데이터를 기록하기 위해서 8자리의 2진수인 8비트를 사용하며 이를 1바이트Byte라고 한다. 8비트 2진수는 00000000부터 11111111까지, 10진수로 0부터 255까지 256개의 정수를 표현할 수 있다. 컴퓨터는 이러한 2진수만 처리할 수 있지만 인간은 0과 1만 반복되는 긴 2진수를 읽기 어렵기 때문에 종종 16진수Hexadecimal로 표기한다.

기본적인 데이터 단위인 1바이트, 8비트의 절반인 4비트는 2진수 0000부터 1111까지 표현할 수 있으며 이는 10진수로 0부터 15까지이다. 4비트를 한 자릿수로 표기하기 위해 16진수를 사용하는데, 0부터 9까지는 기존의 아라비아 숫자로 표기하며 10부터 15까지는 A부터 F까지의 알파벳으로 표기하는 방식이다. 예를 들어 16진수 7E는 2진수로 01111110이며 10진수로 126이다.

원본의 신호가 7 이하이며 이를 양의 정수로 양자화한 값을 변환한 값을 표현하기 위해서는 총 3자리의 비트가 필요하지만 컴퓨터에서 사용하는 정수 데이터의 기본 단위는 1바이트다. 앞의 그림처럼 양자화한 값을 2진수로 부호화하면 〈표 4〉와 같이 표현할 수 있다.

	아날로그	양자화	2진수 부호화	16진수
1T	1.52	2	0000 0010	02
2T	6.96	7	0000 0111	07
3T	3.37	3	0000 0011	03
4T	1.74	2	0000 0010	02
5T	4.61	5	0000 0101	05
6T	4.46	4	0000 0100	04
7T	2.98	3	0000 0011	03
8T	2.33	2	0000 0010	02

표 4. 부호화

음악을 디지털 음원으로 변환할 때 함께 표기하는 비트 레이트Bit Rate는 표본화와 양자화, 부호화를 거쳐 디지털로 변환한 데이터가 음원 1초에 해당하는 아날로그 신호를 얼마나 많은 비트로 표현하는지 bpsBit per Second 단위로 나타낸 것이다.

일반적으로 음악을 녹음할 때 표본화는 48㎑, 양자화 부호화 과정에서 24비트를 사용하거나 표본화 96㎑, 양자화 부호화 32비트를 사용한다. 이렇게 녹음한 디지털 음원을 처리한 후 배포할 때는 데이터 양을 줄이기 위해 단위 크기는 16비트로, 표본화 주파수는 인간 가정 주파수의 두 배인 44.1㎑로 낮춘다. 16비트를 초당 44,100번 기록하면 총 1,411,200비트가 되며 이를 비트 레이트 단위로 표현하면 1,441kbps가 된다. 이것이 CD에 담기는 음원의 비트 레이트이다. MP3는 음원을 손실 압축하는 규격으로 비트 레이트 256Kbps가 넘어가면 원본과 구분이 힘들다.

(4) 푸리에 급수

푸리에 급수Fourier Series는 파동을 해석하기 위한 방법이다. 급수는 수열의 모든 항을 더한 것을 뜻하는데, 푸리에 급수는 복잡한 파동을 단순한 파동 여럿으로 표현할 수 있다는 것이다. 〈그림 27〉의 사인파에 〈그림 28〉의 사인파가 합쳐지면 〈그림 29〉와 같은 형태의 파형이 만들어진다.

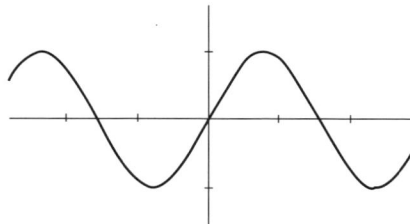

그림 27. 사인파 A

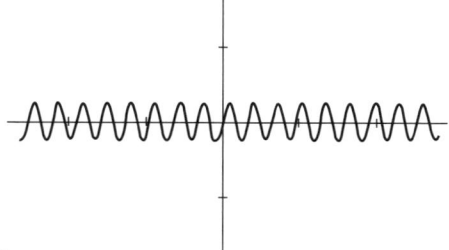

그림 28. 사인파 B

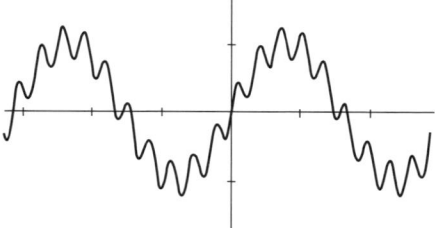

그림 29. 사인파 A+사인파 B

이를 반대로 생각하면 〈그림 29〉와 같은 복잡한 형태의 파형은 간단한 여러 파형의 합으로 표현할 수 있다. 파형이 복잡하더라도 주기를 갖는다면 서로 다른 주파수와 크기를 갖고 있는 정현파Sinusoidal Signal의 합으로 표현할 수 있다는 것이 푸리에 급수이다. 다양한 형태의 정현파는 적절한 계수Coefficient와 주파수Frequency를 갖는 사인파Sine Wave와 코사인파Cosine Wave를 뜻한다. 푸리에 급수를 활용하면 주기를 갖는 특정 주파수를 정현파의 합으로 근사화할 수 있게 된다. 충분히 많은 항을 더하면 오차 범위 이내에서 주어진 주기 함수를 표현할 수 있다는 뜻이다.

(5) 푸리에 변환

푸리에 급수가 주기를 갖는 함수를 정현파의 합으로 표현하는 것이라면, 푸리에 변환Fourier Transform, FT은 이를 이용하여 시간공간에 대한 함수를 주파수공간에 대한 함수로, 혹은 반대로 변환하는 것이다. 푸리에 급수가 시간 영역의 주기함수를 삼각함수의 합으로 분해하여 표현한 것이라면 푸리에 변환은 임의의 신호를 주파수 성분으로 분해하는 것이다.

앞서 소리신호를 도식적으로 표현하기 위해 정현파를 사용하여 시간에 따른 주기적인 압력의 변화를 기술하였다. 이를 시간에 따른 함수가 아닌 주파수에 따른 함수로 기술하면 연산이 용이해진다. 신호를 처리하기 위해서 다양한 연산이 필요한데, 시간공간 함수를 직접 계산하는 것보다 시간공간 함수를 주파수공간 함수로 변환하여 계산하는 것이 더 간단한 경우가 있기 때문에 신호 처리 분야에서 활용되는 기법이다.

다음은 2의 크기를 갖는 사인파를 주파수공간으로 변환한 것이다. 이 표에서 시간공간으로 표현한 소리신호의 가로 축은 시간이며 세로 축이 신호의 크기로 특정 지점에서 시간의 변화에 따라 신호의 크기가 변화하는 것을 나타냈다면, 두 번째 그림은 주파수공간으로 표현한 소리신호로, 가로 축은 주파수이고 세로 축은 주파수의 크기로 시간공간에서 표현된 신호가 일정한 주파수를 가지고 있는 신호이기 때문에, 주파수공간에서는 일정한 주파수 지점에 어느 정도 크기를 가지고 있는 신호인지 표현한 것이다. 이처럼 주기를 갖는 신호를 주파수공간으로 변환하면 신호가 복잡할수록 알아보기 쉽고, 가공하기도 편하다.

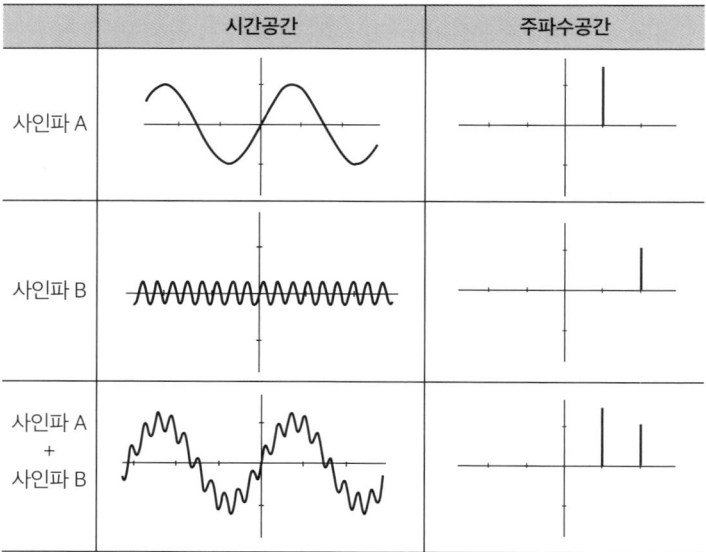

표 5. 주파수공간

푸리에 변환은 연속된 함수에 대해 이루어지는데 컴퓨터에서는 디지털 데이터를 사용하기 때문에 이산 푸리에 변환Discrete Fourier Transform, DFT을 사용한다. DFT는 이산적인 시간 공간의 신호를 이산적인 주파수공간으로 변환하는 방법이다. 이산 시간에서 표본화된 신호를 대상으로 사용한다. DFT는 고속 푸리에 변환Fast Fourier Transform, FFT으로 연산 시간을 줄일 수 있다. DFT는 N개의 입력 데이터로 N개의 출력 데이터를 연산하는데, FFT의 경우 입력을 짝수와 홀수로 분할하여 각각 연산하고 결과를 재귀적으로 결합하여 최종 결과를 연산한다.

(6) 국소 푸리에 변환

DFT나 FFT는 해당 신호 전체 구간에 대한 주파수 분석을 수행하기 때문에 주파수가 시간에 따라 변화한다면 해당 변화를 반영하기 어렵다. 이를 위해 DFT나 FFT를 수행한 신호에 일정한 간격으로 나누어 해당 구역 내에 신호의 주파수가 거의 일정하다고 가정하고 구역을 이동하며 주파수 분석을 하는 것이다. 이 방식은 시간에 대한 정보도 보존할 수 있는 장점이 있다.

국소 푸리에 변환Short Term Fourier Transform, STFT을 이용한 신호 분석은 신호의 특징을 추출하여 음성신호 처리, 영상 처리 등의 신호 분석에 활용되며 이를 활용하여 음성인식, 음성합성 등을 수행하거나 영상 개선, 물체 탐지, 추적 등에도 응용할 수 있다.

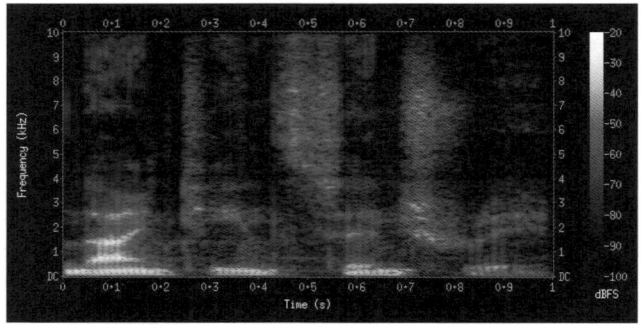

그림 30. 스펙트로그램[18]

이를 시각화한 것이 스펙트로그램Spectrogram이다. 스펙트로그램은 x축이 시간, y축이 주파수이고 주파수 성분은 색상으로 나타낸다.

(7) MFCC

MFCCMel Frequency Cepstral Coefficients는 음성 데이터를 특징Feature 벡터Vector화하는 알고리즘이다. 머신러닝에서 데이터를 벡터화한다는 것은 학습이 가능하다는 것을 의미하기 때문에 매우 중요하다. 어떤 특징을 추출할 것인가에 따라 모델의 성능이 달라진다.

Mel은 인간의 달팽이관의 기능에서 따온 값이다. 달팽이관의 특성 중에는 저주파 대역(가청 주파수에서 주파수가 낮은 영역)에서

---

18 https://ko.wikipedia.org/wiki/스펙트로그램

는 주파수 변화를 잘 감지하지 못하고 고주파 대역(가청 주파수에서 주파수가 높은 영역)에서는 잘 감지한다는 것이 있다. 이처럼 달팽이관 특성을 고려한 값을 Mel-Scale이라고 한다. MFCC는 음성신호의 주파수 특징을 추출하는 데 효과적이며 음성인식 및 합성 등의 분야에서 활용한다.

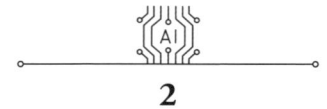

음성언어 처리 기술의 이해

위와 같이 살펴본 음향신호 처리 기술이 인공지능에 활용되면 인공지능은 자연어 처리 기술의 응용 영역을 음성언어까지 확장할 수 있게 된다. 인공지능의 음성언어 처리 기술은 다음과 같은 세 가지 양식으로 나타난다.

(1) 음성인식

음성인식Speech to Text, STT은 사람이 말하는 음성 언어를 컴퓨터가 해석하여 그 내용을 문자 데이터로 전환하는 처리를 말한다. 음성신호를 STFT를 통해 처리하고 MFCC 등의 알고리즘을 통해 특징을 추출한다. 추출된 특징을 HMMHidden Markov Model이나 DNN^{Deep Neural Network} 등의 알고리즘을 통해 학습시킨다. HMM은 다양한 화자들이 발성한 음성을 통계적으로 모델링하여 음향모델을 구성하고 말뭉치 수집을 통하여 언어 모델을 구성한다.

(2) 화자인식

화자인식Speaker Recognition은 미리 기록해 둔 음성 패턴과 비교해 화자가 누군인지 식별하는 기술이다. 다양한 화자의 음성 데이터를 수집하고 특징을 추출하여 화자에 따라 음성의 구분을 진행하고 훈련 데이터를 수집하여 학습한다. 어떤 음성신호가 입력되면 분석하여 특징을 추출하고 추출된 특징을 기존에 수집한 화자 데이터와 비교하여 일치 결과를 찾는 방식이다.

(3) 음성합성

음성합성Text to Speech, TTS은 컴퓨터가 입력된 글을 음성으로 변환하는 기술이다. 자연어 처리를 이용해서 입력된 글을 분석하여 단어나 어절을 분리하고 저장된 음성 기호를 선택한다. 분석된 자료를 바탕으로 음성신호를 생성한다. 생성된 신호를 스피커 등을 통해 출력한다. 음성합성은 인공지능 기술을 기반으로 발전하고 있고, 인공지능이 결과를 전달할 때 음성합성을 활용하고 있다.

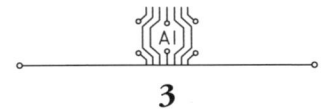

3

음성언어 처리 기술의 현재와 미래

인공지능을 통한 음향신호 처리 기술이 점차 고도화되면서 기존에 텍스트 처리를 기반으로 발전한 자연어 처리 기술이 음성언어 처리까지 확장되고 있다. 음향신호 처리 기술이 음성언어 처리 기술로 발전할수록 인공지능은 인간의 언어를 '소리로' 이해하고 다양한 업무를 처리할 수 있게 된다. 음성언어 처리 기술이 어떠한 방향으로 활용되고 있는지 살펴보고, 연관하여 나타나고 있는 사회문화적 문제를 비판적으로 이해해 본다.

(1) 음성 명령 기반 전자기기

소위 '스마트 기술'로 분류되는 전자기기, 프로그램, 검색엔진

등은 텍스트 대신 음성 입력을 받아 결과를 출력할 수 있도록 개발되고 있다. 냉장고나 세탁기 같은 가전부터 스마트폰, 내비게이션 등이 기존에 텍스트 입력을 기반으로 하던 명령을 음성 명령으로 전환하는 비율이 크게 늘고 있으며, 특히 팬데믹 이후 비접촉을 기반으로 한 음성 명령 서비스에 대한 수요가 높아지고 있다. 최근에는 인공지능 음성 비서가 출시되어 음성인식 및 음성합성을 복합적으로 사용하는 사례도 많아지고 있다.

사례 4 '인공지능 음성 비서'의 인간화와 젠더 편향

2011년 애플이 자사의 스마트폰에 음성인식장치 시리Siri를 탑재한 것을 시작으로 아마존의 알렉사Alexa, 구글의 어시스턴트Assistant, 삼성의 빅스비Bixby, KT의 기가지니GIGAGenie, 네이버의 클로바Clova 등 음성인식을 기반으로 한 '인공지능 비서'의 출시가 두드러지고 있다. 디지털 기기가 일상생활 전반에 복합적이고 통합적으로 자리매김하면서 텍스트 입력이나 시각아이콘 터치보다는 음성을 기반으로 한 인터페이스가 좀 더 효율적인 선택지로 떠오르고 있다. 뿐만 아니라 음성을 기반으로 기기와 '상호작용'할 수 있도록 하면서 사용자에게 보다 일상적인 경험과 정서적인 안정감을 제공할 수 있다는 것이 산업계의 입장이다.

음성인식장치의 가장 기초적인 업무는 인간 사용자의 음성언어를 해석하여 기기 전원이나 프로그램을 실행하는 일이나 사물인터넷Internet of Things, IoTs으로 연결된 다른 기기들을 작동하는 등의 기계적인 업무를 수행하는 것인데, 이를 위해서는 기본 단어뿐 아니라 문장으로 된 음성 명령어를 보다 정확하게 이해하고 다양한 억양, 말투, 방언까지도 반영할 수 있어야 한다. 최근에는 전원을 켜고 끄는 단순 업무 이상으로 날씨에 어울리는 음악을 추천하거나, 재미있는 이야기나 무서운 이야기를 들려주는 등 비교적 사회적이고 문화적인 업무를 수행하는 데까지 나아가고 있다.

표면적으로는 자연어 처리를 기반으로 한 챗봇 서비스를 음성언어 인식을 통해 구현하는 것이지만 이미 컴퓨터와 같은 입력장치에 익숙한 사용자가 기계장치와 음성언어를 주고받도록 하기 위해서는 사용성Usability의 측면에서 좀 더 섬세한 설계가 필요했다. 때문에 음성인식장치를 상품으로 만드는 과정은 기계장치를 '인간화'하여 사용자에게 좀 더 친숙한 이미지를 구축하는 방향으로 진행되었다.

음성인식장치를 인간화하는 첫 번째 방법은 상품 용어의 선택이다. 상품 출시 초기의 음성인식장치들은 '스마트 스피커'라는 다소 기계적인 명칭을 사용했는데 최근에는 '인공지능 비서'라는 인간화된 용어를 사용하고 있다. 2017년 글로벌 가구업체 이케아KEA는 139개국 1만 2,000명을 대상으로 온라인 설문조사를 실시했는데, 참여자 모두 음성인식장치의 바람직한 역할을 묻는 질문에 비서 역할을 하는 장치를 원한다고 답변했다. 음성인식장치가 '인공지능 비서'라는 명칭을 갖게 된 데는 이 같은 조사 결과를 반영한 것도 있지만, 기계장치에 '비서'라는 사람의 직위를 부여함으로써 사용자로 하여금 조금 더 자연스럽게 기계장치와 대화할 수 있도록 유도하기도 한다.

음성인식장치를 인간화하는 또 하나의 방법은 기계장치의 목소리나 이름을 통해 가상의 성별을 부여하는 것이다. 출시된 음성인식장치 중 아마존의 '알렉사', SKT의 '누구', KT의 '기가지니', 네이버 '프렌즈'는 여성의 목소리가 기본 설정으로 되어 있다. 애플의 '시리'는 목소리 성별을 선택할 수 있지만 '시리'라는 이름은 '승리를 이끄는 아름다운 여성'이라는 의미이며, 한국어의 경우는 여성 목소리만 선택이 가능하다. 삼성 '빅스비'도 목소리 성별 선택이 가능한데 삼성에서 제공한 사용설명서에 따르면 '명랑하고 쾌활한 여성'과 '적극적이고 자신감 넘치는 남성' 중에 선택할 수 있다. 구글은 '어시스턴트'라는 이름을 통해 젠더 중립을 표방했지만 이 역시 출시 초반에는 여성의 목소리를 디폴트로 하였다가 2017년 5월에 남성의 목소리를 추가했다. 마이크로소프트의 '코타나'는 할로Halo라는 게임의 여성 캐릭터 이름을 따서 지었다. 인간 사용자와 음성인식장치 간의 대화 내용을 통해서도 성별이 드러나기도 하는데 유네스코UNESCO

에서 2019년 출판한 문서에 따르면 애플의 시리는 출시 초기 사용자가 성별을 묻는 질문을 하면 '아리따운 여성'이라고 답했으며, 여성을 비하하는 성적인 욕설을 했을 때 "부끄러워 얼굴이 빨개질 것 같아요(I'd blush if I could)."라고 대답했다.[19]

이처럼 인간화, 보다 정확하게는 여성화된 음성인식장치에 대해서 업계 담당자들은 컴퓨터과학, 심리학 등의 연구 결과에 나타난 소비자의 선호도를 반영한 결과라고 밝힌다. 아마존과 마이크로소프트는 상품 출시 전에 사용성 평가를 위한 자체 조사를 실시했는데, 젠더를 분명히 인식할 수 있는 경우에 소비자들이 상품에 대한 선호가 올라간다고 밝혔다. 동종 업계에서도 유사한 근거를 대는데 여성의 목소리가 사용자에게 좀 더 또렷하게 들린다는 과학적인 이유, 여성의 목소리가 사용자에게 좀 더 편안하게 들린다는 문화적인 이유를 드는 것이 대표적이다.

사실 '과학적 이유'라는 것도 심리학이나 뇌과학 등의 반응 실험을 근거로 제시되는 주장인데 이는 사회적, 문화적 맥락이 거세된 실험 상황에서의 독립변수를 결정론적으로 확대하는 오류이다. 또한 이 '과학적인' 주장 역시 문화적인 맥락에서 반박의 여지가 있다. 예를 들어 1990년대 독일의 자동차 회사 BMW는 이 같은 과학적인 이유를 근거로 차량에 내장된 내비게이션에 여성의 목소리를 탑재했는데, 여성 목소리로 운전 지시를 받을 수 없다는 남성 운전자들의 항의에 직면했다.[20]

기계장치의 소리로 여성의 목소리를 사용하는 것은 음성인식장치 이전부터 있어 왔으며 전화 응답 서비스나 자동 전화 설문조사 등도 여성의 목소리를 채택해 왔으며 이때 여성의 목소리가 더 잘 들린다는 이유는 역사적으로 동일하게 제시되었다. 여성의 목소리가 사용자에게 더 또렷하게 들린다는 일부 주장 역시 역사적으로 남성들이 대다수인 공공영역에서 여성의 목소리가 더 잘 들린다는 주장이 있는데, 이 역시 남성 중심적인 사회구조가 갖고 있던 젠더 불평등을 드러내는 견해이다.

---

[19] West, M., R. Kraut, & H. Ei Chew. "I'd blush if I could: closing gender divides in digital skills through education." UNESCO, 2019.

[20] 이희은, 「AI는 왜 여성의 목소리인가?: 음성인식장치 테크놀로지와 젠더화된 목소리」, 『한국언론정보학보』, vol. 90, 2018, 126~153쪽.

또한, 일본의 증권사에서 운영하는 자동 음성안내 시스템에서는 기본적인 주가 안내는 '상냥한' 여성의 목소리를 사용하고 주식 거래를 진행할 때는 '신뢰감 있는' 남성의 목소리로 전환한다. 이는 기계장치에 성별을 부여하는 것이 개발 과정의 기술적인 이유보다는 문화적인 맥락의 이유가 있다는 것을 시사한다.

여성의 목소리가 사용되는 방식도 비판적으로 고찰해 볼 수 있다. 페미니스트 영화이론가인 카자 실버만에 따르면 영화음악이나 뮤직비디오에서 역사적으로 남성의 목소리가 내러티브를 이끌어 가거나 메시지를 전달하는 것과는 대조적으로, 여성의 목소리는 욕망을 불러일으키거나 재잘거리고 달콤하게 속삭이며 사랑을 노래하거나, 소리지르거나, 울며 시끄러운 배경 소음 정도를 담당한다고 한다.

이는 인공지능 음성인식장치에 여성의 목소리를 디폴트로 설계하고 기계 장치의 역할을 '비서'로 설정하는 현상에서도 마찬가지인데, 기계화된 여성의 목소리는 현실에 존재하는 젠더 위계질서를 투사하고, 이를 당연하고 편안하게 받아들이는 사용자들에 의해 다시 사회적인 젠더 의미로 굳어진다. 인공지능이 사회에 이미 존재하는 편향을 학습하고 재생산하는 방식은 학습 데이터에 내재된 언어적인 표현뿐 아니라 기술적 설계나 상품화 과정에 연루된 사회적인 인식이나 문화적인 경향까지도 포함하는 것이다.

초기 음성인식장치에서 여성의 목소리가 기본으로 설정된 것이나 대화 내용을 통해 성별 자체를 여성으로 설정한 것에 대해 비판이 이어지자 일부 기술 개발자들은 남성의 목소리를 추가하여 목소리의 성별을 선택할 수 있도록 설계하고 있다. 하지만 여전히 대다수의 음성인식장치는 여성의 목소리가 디폴트로 설정되어 있다. 조사에 근거한 소비자의 선호도와 편리를 근거로 내세우지만 이는 기술을 통해 사회에 내재된 편견을 재생산하거나 강화한다는 뜻이기도 하다. 상품성을 근거로 반복되는 젠더 편향은 기술적 과제뿐 아니라 사회 전반의 성별 구조에 대해 숙고해야 할 과제이다.

(2) 인공지능 통역

구글 번역은 이미 잘 알려진 다국어 번역기이며, 한국에서도 네이버의 파파고 서비스가 활발히 이용되고 있다. 번역은 딥러닝의 발전과 함께 더욱 정교화되고 있으며 일상에서의 비사전적인 언어들까지도 인식하고 있다. 실시간 음성 번역기에 응용한다면, 음성을 실시간으로 텍스트로 변환하고 번역하여 보여 주거나 번역된 결과를 다시 음성으로 들려주는 방식을 생각해 볼 수 있다. 또한 외국 영화의 음성을 즉시 통역하여 자막으로 띄워 주는 기술도 가능할 것이다. 현재는 번역 자체의 기술은 상당한 수준이지만 음성과 텍스트의 실시간 변환 과정이 정확도가 낮아 대부분 텍스트 입력을 통한 자연어 처리 기술을 기반으로 하지만 음성인식을 기반으로 한 통역 기술에 대한 수요가 월등히 높아 꾸준하게 개발되고 있다.

> **사례 5**   **인공지능 통역과 언어/기술 제국주의**
>
> 두 언어의 의미 교환을 번역한 것이 글로 표시되면 자동번역기술, 음성 출력이 가능해지면 자동통역기술이라 불린다. 번역은 음성인식을 기반으로 한 인공지능 기계장치 중 정확도에 대한 요구가 매우 높으며, 문자와 음성 간 상호변환기술뿐 아니라 번역의 정확도를 높이기 위한 기술이 필요하다. 방언, 억양 등을 정확하게 반영할 수 있도록 섬세하게 기술을 구현하는 것도 진행 중이지만 음성인식을 기반으로 하는 인공지능 통역 서비스가 현재 당면한 최대 과제는 통역서비스를 제공할 수 있는 언어의 수를 늘리는 것이다.

현재까지 출시된 인공지능 통역서비스의 대부분은 사용자 수가 많은 7개 내지 10개 정도의 언어에 대해서만 통역서비스를 제공한다. 하지만 최근에는 통역의 질뿐 아니라 통역 가능한 언어의 수를 늘리려는 시도가 많아지고 있다. 예를 들어, 인공지능 기계번역 스타트업 엑스엘에이트XL8는 화상회의 플랫폼 줌Zoom에서 사용할 수 있는 실시간 통역서비스 '이벤트캣 포 줌'을 선보였는데 이는 다국어 회의의 음성을 실시간으로 통역해 자막으로 제공하며 20개 이상의 언어, 355개 이상의 언어쌍 통역을 지원하고 있다.

심지어 구글은 현재 개발 진행 중인 음성언어 통역서비스의 학습 구조와 개선 계획을 발표했는데, 2023년 3월 구글이 소개한 USM^{Universal Speech Model}은 100개 이상의 음성언어를 자동으로 인식하고 이를 번역하거나 자막으로 만들 수 있다. USM에 앞서 구글은 2022년 11월에 세계 각국의 언어 1,000개를 지원하는 인공지능 모델인 '1,000개 언어 이니셔티브'를 공개했고, USM은 이를 발전시킨 것이다.

100개 이상의 언어를 통역할 수 있는 서비스를 개발하는 기업이 구글뿐인 것은 인공지능 통역서비스에서 언어의 수를 늘리는 데 그만큼 많은 자본이 들어간다는 사실을 짐작하게 한다. 구글이 소개한 USM은 100개 이상의 음성언어를 자동으로 인식하여 번역을 제공하기 위해 300개 이상의 언어로 말한 목소리 1,200만 시간 분량을 280억 개 이상의 문장을 통해 학습했다. 구글은 영어와 중국어 같은 세계 주요 언어뿐 아니라 2,000만 명 미만이 쓰는 소수 언어까지 다양한 종류의 목소리와 문장을 가르쳤다고 강조했다. 구글만이 시도할 수 있었던 까닭은 모델이 학습할 수 있는 충분한 양의 데이터를 모으는 일부터 매우 어렵기 때문이다.

기계번역 및 통역 시스템은 빠르게 진화 중이지만 여전히 많은 양의 텍스트 데이터를 학습하는 것에 크게 의존하고 있다. 기본적으로 번역서비스는 언어가 갖는 의미뿐 아니라 다양한 억양이나 방언까지 정확하게 반영하기 위해서 대용량의 데이터를 스스로 학습하며 범용성을 확보하는 초거대 인공지능 언어 모델을 사용한다. 이 말은 범용성을 확보할 수 있을 만큼의 대용량 데이터를 확보하는 것이 개발의 전제 조건이라는 뜻이며, 그렇다면 일차적으로는 사용하는 인구 수가 많은 언어가 유리한 위치를 선점한다. 대부분의 인공지능 통번역서비스가 인구수도 많고 제2외국어로 구사하는 국외 인구도 많은 영어와 중국어를 기본으로 제공하는 이유다.

사용하는 인구수가 많아야 한다고 해서 국가의 인구수만 고려하여 결정할 수 있는 것은 아니다. 디지털 데이터를 기반으로 하는 인공지능 학습 모델의 특성상 학습 데이터는 온라인에서 구할 수 있거나 디지털로 쉽게 변환 가능한 것이어야 한다. 즉, 인도나 파키스탄처럼 인구수는 세계에서 상위권이지만 온라인에서 찾을 수 있는 문서의 양이 많지 않은 경우는 인공지능 모델이 학습하기에 적합한 언어에서 제외된다.

아직은 문자에 기반하고 있기는 하지만 챗지피티 역시 애초에 영어로 된 데이터베이스를 기본으로 학습했기에 영어로 된 대화의 답변이 출력도 빠르고 답변의 질도 다른 언어에 비해 훨씬 좋다. GPT3가 학습한 주요 데이터베이스를 살펴보면 전례 없는 대화형 인공지능 서비스가 가능했던 이유를 짐작할 수 있는데, 구글Google, 위키피디아Wikipedia, 뉴욕타임스The New York Times뿐 아니라 특허권 문서를 모아 둔 구글 페이턴트Google Patents, 미국의 인터넷 문서 아카이브인 웨이백 머신Wayback Machine, 미국의 주요 온라인 커뮤니티 및 블로그인 깃허브GitHub, 워드프레스WordPress, 블로그스팟Blogspot과 학술자료 공유 플랫폼인 리브젠Libgen이 포함된다.

이렇게 대용량의 온라인 데이터를 기반으로 학습한 영어판 챗지피티에 비해서 한국어판은 답변 출력이 느리거나 한국 고유의 문화가 반영되어야 하는 답변에는 오류도 빈번하다. 동일한 상황이 인공지능 통역서비스의 개발에서도 발생하고 있다.

때문에 인공지능 통번역서비스는 언어/기술 제국주의와 연결될 수밖에 없는 숙명이 있다. 충분한 양의 학습 데이터를 확보하기 위해서는 인구수의 차이에서 오는 국가별 격차뿐 아니라 온라인에서 쉽게 찾을 수 있는 디지털 문서가 충분해야 하기에, 국가 및 지역별 인터넷 기술과 인프라 발전 차이에서 기인하는 디지털 격차가 반영될 수밖에 없다는 것이다. 인구수가 적거나, 사용하는 사람의 수가 적거나, 국가의 디지털 인프라 차이로 온라인상의 디지털 문서가 충분하지 않은 언어는 인공지능 통역서비스 개발에서 소외되거나 정확도가 떨어질 수밖에 없는 태생적인 한계가 있는 것이다.

데이터를 구했다고 하더라도 인공지능이 학습하려면 언어의 레이블을 지정해 주어야 하는데, 언어가 보편적이지 않아서 분석이 까다로운 경우는 데이터 양이 많을 때보다 더욱 많은 수고와 비용이 든다. 언어의 양이 많아지면 인공지능의 효율은 떨어질 수밖에 없는 점도 이 같은 언어/기술 제국주의를 가속화한다. 언어가 많아질수록 인공지능이 학습해야 하는 데이터의 수도 많아지는 것이기에 적정한 효율 안에서 알고리즘이 새로운 언어 데이터의 음성과 문장을 접하면서 혼동하지 않고 설계된 절차대로 유연하게 처리하는 것도 비용과 수고가 든다.

당면한 과제는 인공지능 통역서비스에서 소외된 언어의 데이터를 확보하는 일과 충분하지 않은 데이터로도 통역서비스를 제공할 수 있는 기술을 개발하는 일이다. 구글의 경우 300여 개 언어의 목소리 데이터 1,000만 시간 분량을 레이블을 지정하지 않고 USM에 가르쳤는데, 이때 든 자원은 구글만이 감당할 수 있는 규모다. 이후의 작업은 이 장에서 살펴본 음향신호 처리와 음성언어 처리 기술을 기반으로 데이터를 신호로 바꾸고 목소리 인코더와 문장 인코더를 합치는 알고리즘을 구축하는 것이었다. 이 과정을 거쳐 알고리즘의 모델링 정확도 검증까지 하는 과정에 드는 자본은 사실상 비현실적이다. 세계에는 7,000개 이상의 언어가 있다고 알려져 있는데 언어/기술 제국주의를 극복하고 이들을 아우르는 인공지능 통역서비스를 제공하는 것은 기술적으로 가장 큰 과제다.

(3) 음원 검색

초기 음원 검색은 키워드나 메타데이터(제목, 가수, 앨범, 장르, 발매 연도 등)를 이용하여 음원 데이터베이스에서 원하는 음악을 찾는 기술이었으며, 음원 검색은 음원 판매 서비스나 음악 스트리밍 서비스 등에서 사용된다. 다른 음원 검색의 구현 방법으로 지금까지 설명한 신호 처리 기술을 이용하여 음악의 특징을 분석하고, 이를 바탕으로 유사한 음악을 찾아내는 것이다. 인공지능 기술을 이용하여 음원 검색의 정확도와 효율성이 높아지고 있으며 스마트폰의 마이크를 이용하여 현재 들리는 음원을 찾아볼 수도 있다. 또한 기존의 메타 데이터를 이용한 검색도 자연어 처리를 통해 검색을 좀 더 직관적이고 효율적으로 변화하고 있다.

(4) 인공지능 음성 본인 인증

음성인식 장치의 화자인식 기능은 본인 인증을 위한 수단으로 활용되고 있다. 지문, 얼굴 등의 생체정보를 사용했던 것처럼 금융정보 등의 보안을 위해 개인 인증이 필요한 경우 음성 본인 인증을 사용하거나 수사를 위해 관련자의 음성을 분석하여 음성의 주인을 식별하는 데 사용할 수 있다. 모든 생체정보 인식과 동일하게 개인정보 보호를 위한 기술 및 규율을 확보하는 것이 중요한 숙제로 남아 있지만 음성인식 기술이 발달함에 따라 여전히 각광받고 있는 분야이다.

(5) 음성합성 엔진

인간의 육성과 비슷한 주파수의 합성으로 인공 음성을 만들 수 있는 소프트웨어를 뜻한다. 사회관계망서비스나 온라인 동영상 공유 플랫폼을 통해 개인이 제작한 영상을 올릴 때 자신의 목소리를 노출하지 않고 음성합성 엔진을 통해 만들어진 인공 음성을 사용하는 경우가 대표적인 예다. 그 외에도 음성 안내, 책 읽기 서비스 등에 텍스트를 음성으로 변환하여 합성하는 기술이 사용되며, 최근에는 이를 이용해 독자적인 목소리를 갖춘 가상인간의 활약도 두드러진다. 그 밖에도 엄마의 목소리로 아기에게 책을 읽어 주는 서비스나 사망한 가족의 목소리를 재현하는 영상이나 인공지능 스피커 등이 개발되고 있다. 상대적으로 적은 데이터로도 구현할 수 있는 인공지능 음성합성 기술이 등장하면서 활용 분야가 매우 다양해지는 추세이다.

> **사례 6**   고인(故人) 음성 복원 프로그램과 정체성의 문제
>
> 2017년 3월 구글의 딥마인드는 '타코트론'을 공개했는데 이는 딥러닝 기술을 이용한 음성합성 기술의 시작이었다. 이전에는 음성을 합성하려면 많은 양의 데이터와 이를 처리하는 단계가 필요했다. 먼저 만들고자 하는 목소리의 모델을 선정하고 그 모델의 발화를 녹음하거나, 또는 음반이나 방송영상처럼 이미 녹음된 발화를 찾아야 한다. 그리고 텍스트를 발음기호로 변환한 뒤에 운율, 음향, 음의 길이 정보 등 목소리의 특징을 나타내는 정보들을 추출하여 음성을 합성했다. 각 단계에서 기술적 지식뿐 아니라 발성기관 구조의 원리와 발음기호 변환을 위한 음성학 이론 등의 전문

지식이 필요했다. 또한 40~100시간 이상의 녹음 데이터가 있어야 합성된 음성으로 화자를 인식 가능했다.

하지만 타코트론으로 시작된 음성합성 딥러닝 기술은 텍스트를 발음기호로 변환하여 특징을 추출하는 전처리 과정을 생략하고 입력 텍스트와 이에 대한 음성 데이터만 있으면 인공지능이 패턴을 학습하여 음성을 발음해 낸다. 사람이 말을 배우는 과정처럼 주어진 문장을 반복해서 들으면서 호흡, 높낮이, 강세 등 발음하는 방법을 터득하는 것인데, 구글의 '타코트론2'의 음성 품질 측정 점수는 4.53으로 실제 사람이 녹음한 음성 점수인 4.58과 큰 차이가 없다.

딥러닝을 통한 음성합성에는 목소리 데이터가 많이 필요하지도 않다. 데이터의 양이 품질에 절대적인 여타 인공지능 기술에 비해서 음성 합성 기술은 이미 축적되어 있는 음성 데이터로 기본 학습을 하고 나면 화자의 목소리를 몇 시간 정도만 적응 훈련 단계에 추가해도 감정과 발화 스타일을 그대로 흉내 낼 수 있다. 국내에서 네이버가 개발한 클로바 서비스 역시 400문장 정도 되는 40분의 음성 데이터만 있어도 실제 사람의 음성에 가까운 합성음을 제작할 수 있다.

음성을 합성하는 딥러닝 기술이 발달하면 '커스텀 보이스'가 가능해지는데 원하는 가족 구성원 및 지인이나 연예인의 목소리로 책을 읽어 주고 안내 방송을 만드는 것이 가능해진다. 이 기술은 새로운 양식의 미디어 콘텐츠를 만들어 냈는데, 안타깝게 사망한 가수의 목소리를 복원하여 다시 듣고 신곡을 부르거나 후배 가수와 듀엣을 하는 형태의 방송 프로그램이 만들어진 것이다.

2020년 12월 9일 엠넷Mnet에서 2부작으로 방영된 〈AI 음악 프로젝트, 다시 한번〉은 고인이 된 터틀맨 임성훈과 김현식의 목소리를 복원하여 새로운 노래를 부르는 모습을 방영했다. 유사한 포맷이 반복되었는데 KT는 인공지능으로 복원한 가수 신해철의 목소리로 〈AI DJ, 신해철과의 만남〉이라는 3편의 라디오 프로그램을 제작하여 2021년 10월에 방송했다. 2022년에는 티빙TVING에서 울랄라세션 임윤택과 유재하가 생전 목소리와 외형을 가진 가상인간으로 복원되어 신곡을 부르는 프로그램이 방영되기도 했다. 국내뿐 아니라 해외에서도 마이클 잭슨, 휘트니 휴스턴 등 세계적인 팝가수가 홀로그램을 통해 시상식에 등장하거나 콘서트를 하는 등 인공지능이 되살린 고인이 새로운 문화양식이자 콘텐츠로 지속적으로 등장하고 있다.

이처럼 음성합성 기술을 이용한 고인 복원 기술은 유한한 신체를 떠나 무한히 생존하는 정보와 기억에 대해 비판적으로 고찰할 필요가 있음을 시사한다. 음성합성을 통해 구현 가능한 여러 기계장치 중에 고인의 음성을 복원하는 것은 텔레비전 프로그램이 가용 가능한 기술 중 일부를 사용하여 기획한 콘텐츠이지만 목소리의 주인이 더 이상 생존해 있지 않은 상황에서 기록을 바탕으로 복원한 고인의 목소리에 대한 인권 문제도 생각해 볼 필요가 있다.

현재 텔레비전 프로그램을 통해 이루어지는 고인 복원 프로그램은 유가족의 동의를 얻어 제작된다. 음성 복원을 위해서는 상대적으로 적은 양의 데이터가 필요하다고 하더라도 사용에 동의를 구할 수 없는 사람의 데이터가 광범위하게 수집된다. 이 데이터는 사적인 정보를 포함하기도 하고 민감한 정보를 담고 있는 경우도 있지만 음성 복원 과정에서 데이터가 어떻게 수집, 보관, 폐기되는지에 대해서는 충분히 공개되지 않고 있다.

목소리는 폐에서 나온 공기가 성대를 진동시켜 발생하는 공기의 파동으로 모든 목소리가 고유한 음의 강도, 주파수와 높낮이, 음색을 갖고 있으며 지문과 마찬가지로 개인마다 다른 특성을 갖는다. 목소리 하나에 개인의 호흡기관, 발성기관, 인두, 구강 등 개인의 해부학적 요소가 관여하고 있기 때문이다. 이처럼 목소리는 개인의 정체성과 밀접하게 연관되어 있지만, 지문과 같은 다른 생체정보에 비교하면 기술문화적으로 쉽게 소비되고 폐기된다. 고인의 목소리를 생전 동의 없이 복원해도 되는가에 대한 윤리적인 문제에서 나아가 기술에 의해 너무 쉽게 수집, 유통, 소비되는 개인의 기록과 목소리에 대한 비판적인 고찰이 필요한 지점이다.

특히 음성합성 기술이 이미지나 영상 처리, 자연어 처리에 비해 상대적으로 적은 양의 데이터로도 실재성을 구현할 수 있다는 점이 텔레비전 매체나 연관 업계에게 소구점이 된다는 사실은 기술적으로 구현이 가능하고 그것이 효율성의 측면에서 가용 가능한 선택지라면 개인의 정체성과 밀접하게 관련이 있는 정보라도 공개적으로 소비되고 폐기되어도 되는 것인지에 대해서도 생각해 볼 필요가 있다.

유한한 신체를 떠나 무한히 존재하는 디지털 기록에 대한 기술적인 대응은 두 가지로 나타나고 있다. 첫 번째는 가까운 사람의 사후 복원을 위한 서비스를 공개적으로 제공하여 음성 데이터를 모으는 것인데, 아마존의 경우 1분 미만의 음성 샘플만 있으면 사망한 가족의 목소리를 인공지능 스피커로 재현할 수 있다. 반면 일부에서는 인터넷 및 디지털 기록을 관리하는데, 잊힐 권리를 주장하며 가족의 기록을 디지털 장의사를 통해 영구적으로 삭제하기도 한다. 디지털 기록에 대한 이 같은 지점들은 최근 법적, 제도적 논의로도 확장되어 최근에는 사망 후 자신의 사회관계망서비스 계정을 유산처럼 상속할 수 있는 법안이 국회에 발의되기도 했다.

🔲 생각해 보기 - 음성언어 처리 기술의 미래

사실상 음성언어 처리 기술은 다른 인공지능 기술 영역에 비해 비교적 많은 발전을 이룬 영역이다. 이 장에서 소리를 신호로 전환하는 과정을 설명하는 데 긴 지면을 할애한 점에서 알 수 있듯이, 소리를 신호로 전환하는 기술은 인공지능 기술 이전에 이미 안정화가 된 상태였다. 또 이를 기계학습을 통해 자동으로 처리하는 과정은 상대적으로 비용과 시간이 덜 드는 작업이었다. 텔레비전 프로그램에서 인공지능 기술을 매개할 때 대부분 고인이 된 가수의 음성을 복원하거나 앵커의 목소리를 재현한 인공지능 기술을 개발하는 것을 먼저 선보이는 이유도 이 같은 비용 효율의 측면이 크다.

음성언어 처리 기술에 거는 기대가 가장 높은 분야 중 하나는 음성합성 기술이다. 음성합성 기술을 통해 개인화된 가상 비서가 더욱 정교한 형태로 등장할 가능성이 높은 이유이다.

현재 음성합성 기술은 정보를 전달하는 기능까지는 원활하게 수행할 수 있기 때문에 인공지능 비서, 안내 방송, 고객 응대 등에 사용되는 사례를 빈번하게 찾아볼 수 있다. 이는 미리 정해진 내용을 전달하는 수준인데, 자연어 처리 기술과 음성합성 기술이 함께 발달하게 되면 조금 더 복잡한 대화가 가능해질 것이다. 단순 응대나 정보 전달뿐 아니라 일상 업무, 일정 관리, 정보 검색, 번역, 교육 등 인공지능이 인간에게 정보를 제공하는 방식이 음성합성 기술을 바탕으로 재편될 가능성이 있다.

두 번째로 음성합성을 통한 감정 표현이 가능해질 것이다. 현재까지 대부분의 음성합성을 통한 정보는 일반적으로 중립적인 감정 표현을 지향하고 있다. 기계가 읽는 듯한 딱딱한 어투가 일례다. 이는 지금까지 음성합성을 사용하는 분야가 최대한 중립적인 감정 표현을 요구한 영향이 크다. 그러나 음성합성 기술이 발달하여 점차 상담이나 일상 대화 등의 영역에 활용되면 감정을 표현할 수 있는 기능에 대한 수요가 발생할 가능성이 높다. 사용자가 요구하는 감정을 표현하는 음성합성 기술이 구현된다면 문화 예술 및 엔터테인먼트 분야로도 사용이 크게 확산될 것이다.

예를 들어, 문화 예술 및 엔터테인먼트 분야의 창작자가 대사를 작성한 후 원하는 음색을 선정하고 해당 대사에 적합한 감정을 선택하여 음성을 합성할 수 있게 될 것이다. 현재 음성 처리 기술을 통해 고인이 된 가수나 배우의 음성을 복원하여 재현하는 방송 프로그램의 경우 음성, 억양, 어투 자체는 인공지능 기술에 의해 복원하지만 세밀한 감정 표현 등은 인간 배우나 가수의 개입을 통해 조정하여 좀 더 진짜 사람의 음성처럼 들리도록 하고 있다. 이 같은 인간의 개입 과정마저도 기계가 대체할 가능성이 크다.

초기에는 직업적으로 훈련된 인간의 풍부한 감정 표현을 따라갈 수 없겠지만, 간단한 사용 방법과 저렴한 비용으로 사용이 확대되면서 기술이 발달하면 적은 예산으로 음악, 영상, 라디오 등을 제작할 때 가수, 배우, 아나운서의 저렴한 대안이 될 것이다. 특히 이렇게 제작한 제작물은 다른 문화권을 위해 대사나 가사만 번역한다면 음성합성 과정 후 즉시 제작물의 원본과 다름없이 2차 제작물이나 번역물을 생성할 수 있어 작업 기간을 크게 단축하고 문화산업의 발전에도 기여할 수 있는 여지가 있다.

5장

인공지능의 감각과 인식 II
(컴퓨터 비전)

컴퓨터 비전은 이미지와 동영상을 처리해 유의미한 정보를 추출하는 기술이다. 컴퓨터 비전은 시각Vision 데이터를 다루며 사람의 시각과 관련한 데이터 처리 구조를 모방하여 컴퓨터가 이미지를 식별하고 해석할 수 있도록 하는 분야이다. 컴퓨터 비전에서 다루는 데이터에는 이미지 데이터와 함께 비디오와 3D 영상도 포함된다. 비디오 영상은 엄밀히 말하면 이미지(프레임, Frame)들의 합이기 때문이다.

컴퓨터 비전은 컴퓨터가 시각적 데이터를 이해할 수 있는 방법을 개발하기 위한 분야로서, 컴퓨터가 이미지를 디지털로 변환하면서 시작되었다.

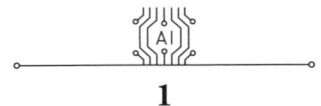

1

컴퓨터 비전 기술의 기초

(1) 디지털 변환

컴퓨터에서 이미지를 처리하기 위해서는 소리신호와 마찬가지로 아날로그 영상신호를 디지털로 변환하는 디지털 변환Analog to Digital Convert, ADC 과정을 거쳐야 한다. 영상신호도 ADC 과정에서 표본화, 양자화, 부호화를 거쳐 하나의 디지털 데이터가 된다.

이미지를 디지털로 저장하는 가장 기본적인 방법은 픽셀Pixel, Picture Element 단위로 저장하는 것이다. 픽셀은 이미지를 구성하는 가장 작은 단위로서, 이미지는 픽셀로 이루어진 격자 형태로 구성된다. 각 픽셀은 색상 정보를 나타내는 정보를 비트 정보로 저장한다. ADC를 통해 변환된 디지털 이미지를 픽셀 단위로 저장하는 방식을 비트맵Bitmap이라고 하고 확장자 bmp를 사용한다. 미술 양식에서 나타나는 모자이크Mosaic와 같이 작은 조각인 픽셀들이 모여 하나의 이미지를 형성한다.

어떤 이미지의 해상도는 해당 이미지가 몇 개의 픽셀로 이루어져 있는지를 나타내는 말로서, 영상 장치Display의 가로, 세로의 픽셀 수도 해상도라고 표현한다. FHDFull High Definition의 경우 가로 1,920픽셀, 세로 1,080픽셀로 총 2,073,600픽셀로 이루어져 있으며 UHDUltra High Definition의 경우 가로 3,840픽셀, 세로 2,160픽셀로 가로 픽셀이 대략 4,000개 정도라는 의미로 4K라고 지칭한다. 영상의 해상도를 720p, 1,080p와 같이 표현하기도 하는데, 이는 세로의 픽셀 수를 의미하는 것으로 각각 HD, FHD를 지칭한다.

이렇게 픽셀 단위로 수치화된 2차원의 이미지 데이터는 하나의 긴 데이터 형태로 컴퓨터에 저장된다. 초기 컴퓨터 영상 매체의 경우 흑백만 표현할 수 있었기 때문에 비트맵은 하나의 픽셀을 흑과 백인 0과 1로 표현하는 하나의 비트로 저장하는 것

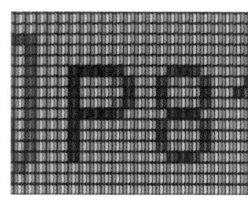
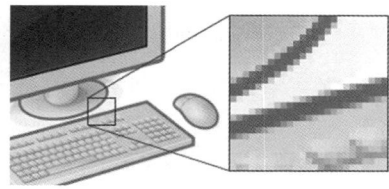

그림 31. 픽셀[21]   그림 32. 픽셀 방식[22]

---

[21] 이미지 출처 : By Kprateek88 - Own work, CC BY-SA 4.0, https://commons.wikimedia.org/w/index.php?curid=4635158

[22] 이미지 출처 : By ed g2s • talk • Example image is a rendering of Image:Personal computer, exploded 5.svg., CC BY-SA 3.0, https://commons.wikimedia.org/w/index.php?curid=807503

으로 시작되었다. 그러나 현재는 컴퓨터 비전 기술이 발달하면서 하나의 픽셀에 여러 색상 정보를 담게 되었다.

현재 각 픽셀의 값은 색상 정보(R, G, B)로 구성되어 있다. 좌표 정보는 어떤 이미지에서 해당 픽셀의 위치를, 색상 정보는 하나의 색상을 표현하기 위한 빨강, 초록, 파랑의 수치를 담는다.

초기의 색상 표현은 하나의 픽셀이 흑과 백의 1비트였으나 최근에는 풍부한 색상 표현을 위해 픽셀 하나가 32비트까지 사용한다. 흰색은 모든 색상 정보가 255이며 검정색은 모든 색상 정보가 0이다. R, G, B 각각 8비트의 용량이 필요하고, 총 24비트로 픽셀 하나에 16,777,216개의 색상을 표현할 수 있는데, 여기에 256단계의 투명도를 표현하는 8비트 정보까지 합하여 총 32비트가 된다. 이미지 데이터의 용량은 해상도와 픽셀에 따라 결정되는데, 해상도가 높고 색상 표현이 풍부할수록 데이터의 크기가 커진다.

높은 해상도의 이미지가 많이 사용되면서 이미지의 용량을 줄이기 위한 여러 방법이 고안되었다. JPEG^{Joint Photographic Experts Group} 방식은 이미지를 손실 압축하여 저장하는 방식으로, 압축률을 조절하여 이미지 크기를 줄일 수 있으며 확장자로 jpg

그림 33. 이미지 저장 방식의 비교

를 사용한다. 압축률이 높을수록 이미지 품질은 떨어지지만, 용량을 줄일 수 있어 웹사이트를 비롯해 다양한 분야에서 많이 사용한다.

벡터Vector 방식은 이미지를 선이나 도형 등의 기하학적 형태로 표현하여 저장한다. 이 방식은 이미지의 형태에 대한 정보를 가지고 매번 픽셀을 그려 내어, 확대해도 해상도가 유지되는 장점이 있다. 벡터 방식은 큰 크기의 이미지를 제작하기 적합하여 인쇄 용도로 사용된다. 로고, 포스터 등의 디자인을 벡터 방식으로 제작하면 확대와 축소에 따른 이미지 손상을 방지할 수 있다. 하지만 사진처럼 복잡한 이미지를 표현하기에는 적합하지 않다.

(2) 이진화

이진화Binarization란 이미지를 구성하는 모든 픽셀을 오로지 흑(0)과 백(1)으로만 표현하는 영상을 말한다. 이진화는 이미지 처리의 가장 기본적인 단계로 영상 처리나 패턴 인식, 객체 검출 등 다양한 분야에서 사용한다. 이진화의 목적은 이미지를 단순하게 변환하여 처리를 쉽게 만드는 것이다. 픽셀 하나가 가지고 있는 정보의 양이 크게 줄어들어 이미지 처리를 위한 연산 시간이 줄어들고 연산의 정확도를 향상시킬 수 있다. 흑과 백으로 나뉘기 때문에 0, 1, 즉 이진법으로 변환한다고 하여 이진화라고 불린다. 〈그림 34〉는 왼쪽이 흑백Gray-scale 이미지이고 오른쪽이 이진화Binary 이미지이다.

그림 34. 흑백 이미지(좌)와 이진화 이미지(우)

영상의 이진화는 어떤 경계Threshold를 기준으로 낮은 값을 가지는 픽셀은 흑(0)으로, 높은 값을 가지는 픽셀은 백(255)으로 만드는 과정을 말한다. 이렇게 이진화된 영상은 영상의 사물이나 물체의 특징을 추출 및 검출하는 데 사용하며, 다양한 분야에 이용되는 기초영상 처리 중의 한 가지 기법이다. 이진화된 영상을 사용하면 글자를 뚜렷하게 특징지어서 볼 수 있고, 용량도 줄어든다.

이미지를 이진화하는 방법은 간단하다. 모든 픽셀을 점검하여 임계값보다 크면 255로, 작으면 0으로 값을 변경하는 것이다. 이 임계값을 어떻게 설정하는지가 문제이다. 임계값의 설정에 따라 대다수의 픽셀들이 255나 0으로 설정되어 의미 없는 데이터가 될 수 있다.

임계값을 구하는 방법은 다양하지만 가장 간단한 방법은 평균을 구하는 것이다. 이미지를 흑백으로 변환한 후에 픽셀 각각의 밝기 값을 모두 더하고, 전체 픽셀의 개수로 나눈다면 밝기 값

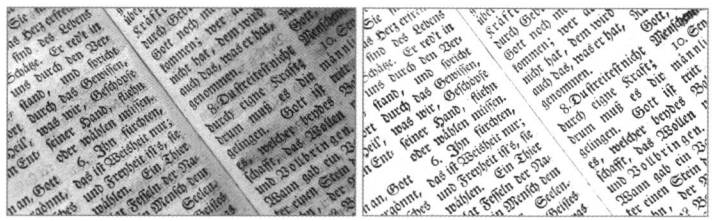

그림 35. 문자 인식에서의 흑백 이미지(좌)와 이진화 이미지(우)

의 평균을 구할 수 있다. 상황에 따라 사람이 적절한 임계값을 지정해 주기도 한다.

초기 컴퓨터 비전은 광학 문자 인식Optical Character Recognition에 집중하고 있었으며 이진화는 이 분야에서 다양하게 활용되었다. 이진화는 이미지의 세부 정보를 강조하거나 배경과 전경을 분리하는 등의 이미지 처리 기법의 기초가 되어 경계선 검출, 윤곽 추출, 이미지 분할 등과 같은 기법의 기반이 된다.

(3) 외곽선 검출

컴퓨터 비전 분야에서 객체 인식이 주목을 받으면서 객체의 특징을 추출하기 위한 다양한 방법이 시도되었다. 이 중 기초적인 방식은 객체의 외곽선을 검출하는 것이다. 객체의 외곽선은 객체 영역 픽셀 중에서 배경 영역과 인접한 일련의 픽셀을 의미한다. 보통 검은색 배경 안에 있는 흰색 객체 영역에서 가장 외곽에 있는 픽셀을 찾아 외곽선으로 정의한다. 도넛의 형태나 얼룩이 있는 형태의 객체에서 도넛의 구멍이나 얼룩과 같은 부분을

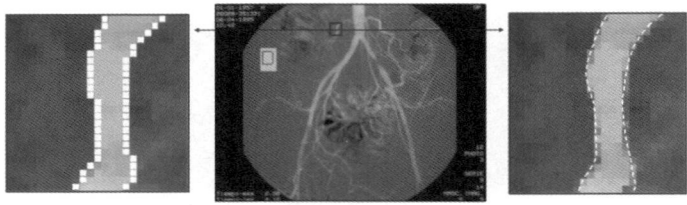

그림 36. 외곽선 검출[23]

홀Hole이라고 표현하는데, 흰색 객체 영역 안에 검은색 배경 영역인 홀이 존재한다면 홀을 둘러싸고 있는 객체 픽셀들도 외곽선으로 검출할 수 있다. 즉, 객체의 외곽선은 객체 바깥쪽 외곽선과 안쪽 홀 외곽선으로 구분할 수 있다.

객체 하나의 외곽선은 여러 개의 점으로 구성된다. 이 여러 점의 위치를 모두 모은 것이 외곽선의 정보가 된다.

〈그림 36〉의 좌측 중앙에는 촬영된 객체가 있다. 이 영상에 대해 외곽선 검출을 수행하면 우측처럼 회색으로 표현한 픽셀들이 외곽선 점들로 검출된다. 검출된 외곽선 점들의 좌표는 각 객체의 외곽선 정보로 구별하여 저장한다. 일반적으로 외곽선을 검출할 때는 이미지의 밝기 변화나 미분값 등을 계산하는 알고리즘을 통해 이루어진다. 이렇게 외곽선을 검출하면 객체의 경계를 알 수 있으며 각 객체를 특정할 수 있게 되어 객체 인식 기술의 기반이 된다. 외곽선 검출은 이미지 분할할 때에도 사용한다. 이미지를 영역별로 나눌 때 물체의 경계를 검출하여 객체를 구별할 수 있다.

---

[23] 이미지 출처: By Machanguillo1 - Own work, CC BY-SA 4.0, https://commons.wikimedia.org/w/index.php?curid=66701026

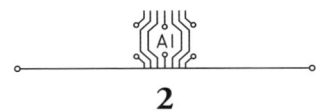

2

컴퓨터 비전 기술의 이해

(1) 객체 인식

객체 인식은 이미지 또는 동영상에서 객체를 식별하는 컴퓨터 비전 기술로, 딥러닝과 머신러닝 알고리즘을 통한 컴퓨터 비전의 핵심 기술이다. 사람은 사진 또는 비디오를 볼 때 인물, 물체, 장면 및 시각적 세부 사항을 알아챌 수 있는데, 이 기술의 목표는 컴퓨터가 사람 수준의 능력으로 이미지에 포함된 이런 사항들을 이해할 수 있도록 하는 것이다.

객체를 인식하면 객체의 크기, 형태, 위치, 방향 등의 특징을 추출할 수 있다. 자동차 번호판 인식, 교통량 인식, 얼굴 인식, 동물 인식 등의 분야에서 활용한다. 컴퓨터가 신호등의 신호를 구별하고 도로 상황과 보행자, 가로수 등을 인식할 수 있도록 하

그림 37. 컴퓨터 비전 기술

는 기술이며 의료 분야에서 질병 식별, 산업 분야에서 검사 및 로봇 비전과 같이 다양한 분야에서 활용하고 있다.

또 컴퓨터 그래픽스에서 이미지를 이용하여 3D 모델을 생성하는 작업에도 쓰인다. 여러 이미지에서 특정 객체의 경계를 검출하고 이를 조합하여 3D 모델의 모양을 결정할 수 있으며, 이렇게 만들어진 3D 모델은 영화, 게임, 시뮬레이션 등의 분야에서 사용한다.

컴퓨터 비전에서 다루는 객체 인식은 크게 〈그림 37〉의 세 가지 작업으로 구분할 수 있다. 첫 번째는 어떤 그림이 무엇인지 판단하는 이미지 분류Classification이고, 두 번째는 객체를 검출Detection하고 위치를 파악Localization하고 분류하는 것이며, 세 번째는 다중 객체에 대한 검출 및 위치 파악, 분류이다. 객체를 인식Recognition하기 위해서는 해당 이미지에 객체가 있다는 것을 알고 그것이 무엇인지를 찾아야 하기 때문에 객체 검출Detection이 선행되어야 한다.

1) 객체 인식에서 사용하는 인공지능

최근에는 머신러닝과 딥러닝 기술이 객체 인식 분야에서 널리 사용되고 있다. 두 기술은 모두 이미지에서 객체를 식별하는 방법을 학습하지만 실행 방식이 다르다.

현재는 딥러닝 기술이 객체 인식 분야에서 더 널리 사용된다. 머신러닝 방식은 분류 방식을 학습하기 위해 따로 특징 추출Feature Extraction을 시행해야 하기 때문이다. 특징을 추출하기 위해서 사용했던 객체 검출 방식은 경계를 찾는 방법을 주로 사용했다. 특징 추출에는 매우 다양한 방법들이 있으며 이런 검출 방식들은 전처리가 필요한 경우가 많다. 간단한 크기 조절Resizing이나 필터링, 앞서 소개한 이진화나 외곽선 검출, 푸리에 변환을 포함한 여러 변환 방식 등을 이용해 전처리를 수행한다.

CNNConvolution Neural Network과 같은 딥러닝 모델은 객체를 식별하기 위해 해당 객체 고유의 특징을 자동으로 학습하는데, 대량의 훈련용 이미지를 분석하고 고양이와 개를 구분하는 특징을 학습하여 고양이와 개의 차이점을 식별하는 방법을 모델링할 수 있다. 딥러닝 도입 초기에는 기초부터 딥 네트워크를 훈련시키기 위해서 레이블이 지정된, 매우 방대한 데이터 세트를 모으고, 네트워크 아키텍처를 설계하여 특징을 학습하고 모델을 완성했다. 이를 통해 좋은 결과물을 얻을 수 있긴 하지만, 방대한 분량의 훈련 데이터가 필요하고 CNN에 레이어와 가중치를 설정해야 한다. 대다수의 딥러닝 응용 프로그램은 사전 훈련된 모델을 조정하는 방법을 포함한 프로세스인 전이 학습 방식을 사용한다. 이 방법은 대량의 이미지로 미리 훈련한 모델 덕분에 시간 소모가 줄고 결과물을 빠르게 산출할 수 있다.

2) CNN

CNNConvolution Neural Networ은 DNNDeep Neural Network의 한 종류로 2차원 데이터에 대한 알고리즘이다. 이미지는 2차원의 데이터지만 이를 컴퓨터에 저장할 때는 하나의 긴 데이터의 형태가 되어, 이를 DNN으로 처리하게 되면 오류가 발생한다. CNN은 픽셀의 위치 정보를 기반으로 공간을 고려하여 한 픽셀이 주변 픽셀들과 연관관계가 있다고 가정하고 DNN을 적용하는 방식이다.

하나의 이미지에서 이렇게 연관성을 살린 여러 이미지를 생성한다. 〈그림 38〉과 같이 3×3 사이즈의 필터를 이동하며 많은 이미지를 생성하면 데이터가 너무 많아지기 때문에 서로 관계가 낮은 부분을 제거하여 데이터 크기를 줄여 주는 작업인 풀링 Pooling도 병행한다. 풀링은 이미지에서 특정 영역을 표본화하

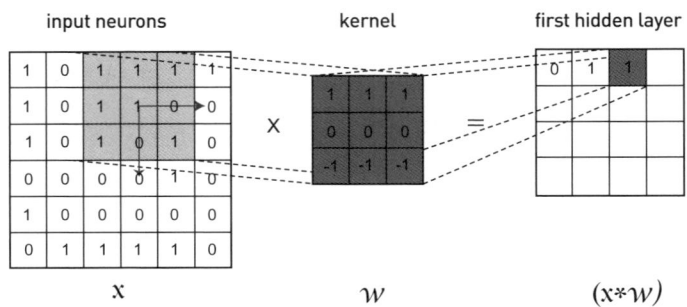

그림 38. CNN이 필터를 이용해 이미지를 부분적으로 읽어 들이는 방식

여 해당 영역의 대표값을 구하는 것으로 이미지의 크기를 줄이고, 연산을 감소시키면서도 핵심적인 정보를 유지한다. 최대값을 이용하는 맥스 풀링Max Pooling이 대표적이며 평균값을 이용하는 애버리지 풀링Average Pooling도 종종 활용된다.

합성곱Convolution은 하나의 함수와 또 다른 함수를 반전 이동한 값을 곱한 다음, 구간에 대해 적분하여 새로운 함수를 구하는 연산이다. 합성곱은 데이터의 특징을 추출하는 과정에서 데이터 각 성분의 인접 성분을 조사해 특징을 파악하고, 파악한 특징을 하나로 도출하는 데 활용된다.

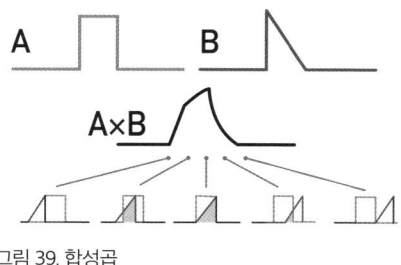

그림 39. 합성곱

CNN에서 합성곱은 이미지와 필터Kernel를 곱한 후 합산하는 연산으로, 이미지에서 특정 패턴이나 형태를 찾는 데 사용한다. 3×3 크기의 필터를 이용하여 합성곱 연산을 수행하면 이미지에서 3×3 크기의 영역을 추출하고 필터와 곱하여 값을 연산하는데, 이를 모든 영역에 대해 수행한 결과가 이미지의 특성이 된다. 이렇게 추출된 특성은 다음 계층으로 전달되어, 좀 더 복잡한 특성 추출을 수행할 수 있도록 한다. CNN을 사용하면 이미지 처리의 정확도와 효율성이 향상될 수 있다.

(2) 객체 분할

객체 분할Convolution Neural Networ은 이미지의 각 픽셀이 어떤 객체에 속하는지를 분류하는 작업이다. 객체 분할은 전통적인 외곽선 검출을 사용한 경계 기반 객체 분할Boundary-Based Object Segmentation과 CNN을 사용한 픽셀 기반 객체 분할Pixel-Based Object Segmentation이 있으며 후자를 이용하여 의미적 분할 Semantic Segmentation을 수행한다.

의미적 분할은 디지털 이미지를 여러 개의 픽셀 집합으로 분할하여 이미지의 표현을 해석하기 쉬운 것으로 단순화하여 변환하는 것으로 객체 인식에 가장 활발히 활용되고 있다. 기존의 객체 인식이 이미지 내 특정 영역에 대한 분류 결과를 보여 준다면, 의미적 분할은 이미지 내 모든 픽셀에 대한 분류 결과를 보여 준다. 따라서 이미지의 각 부분이 어떤 의미를 가지고 있는지 구분할 수 있게 된다.

(3) 객체 추적

객체 추적은 동영상에서 시간에 따라 움직이는 객체를 지속적으로 특정하여 추적하는 것이다. 특정 영역을 분할하고, 다양한 상황에서 분할된 영역을 추적하는 것이다. 동영상은 이미지의 집합이기 때문에 하나의 이미지에 대하여 앞서 언급한 객체 인식, 객체 분할 방식을 적용할 수 있다. 그리고 다음 프레임Frame

이미지 인식

이미지 분할

객체 검출

개별 분할

그림 40. 의미적 분할

에 등장하는 객체가 이전 프레임에 등장한 객체와 유사한지 알아낸 다음, 동일한 객체인 경우 해당 객체의 동선을 추적하는 것이다.

기존의 방법은 객체의 특징을 추출하여 색상, 모양, 크기, 이동 방향 등을 분석하여 추적하는 것이다. 이러한 방법은 주로 상대적으로 정적인 배경에서 움직이는 객체를 추적하는 데 사용되었다. 다른 방법은 객체 추적을 위한 딥러닝 모델을 학습하여 사용하는 방법으로 YOLO, Faster R-CNN 등의 알고리즘이 있다.

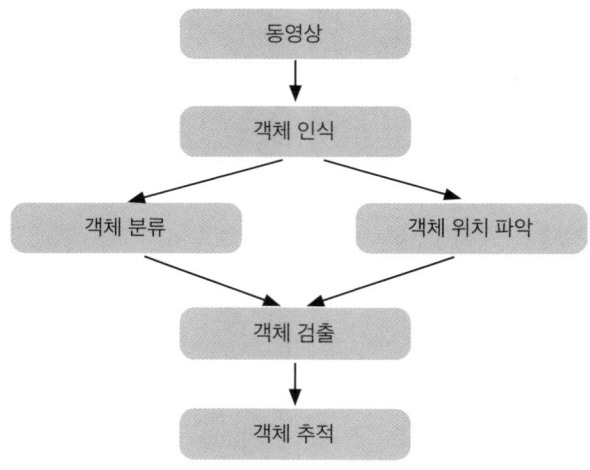

그림 41. 객체 추적

(4) 이미지 생성

이미지를 생성하는 인공지능은 GAN^{Generative Adversarial Network}에서 시작되었다. GAN은 어떤 노이즈로부터 이미지를 생성하는 알고리즘이다. 어떤 이미지에 노이즈를 추가하는 과정을 반복하면 해당 이미지는 노이즈만 남은 이미지가 된다. 이 노이즈를 삽입하는 과정을 역으로 수행하면 노이즈에서 원본 이미지를 복원할 수 있다. 이 과정을 대량의 이미지를 통해 인공지능에게 학습시키고 아무 노이즈 이미지에서 존재하지 않는 대상을 복원하도록 하면 인공지능이 학습한 모델에 따라 새로운 이미지를 생성하게 되는 것이다.

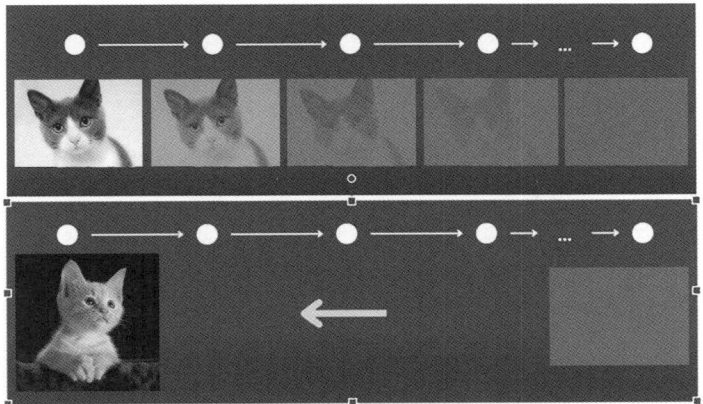

그림 42 .이미지 생성

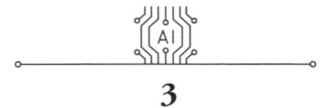

3

컴퓨터 비전 기술의 현재와 미래

컴퓨터 비전 기술은 현대 사회에서 가장 광범위하게 사용되고 있는 인공지능 기술이다. 디지털 미디어 이후 사진이나 영상 이미지가 사회에 만연해 있어 활용 영역이 광범위할 뿐 아니라 인공지능을 학습시킬 수 있는 데이터도 충분하다. 하지만 이미지라는 직관적인 정보를 인식하여 특정한 방식으로 해석하는 데는 광범위한 활용 영역만큼이나 많은 사회문화적 비판 지점이 존재한다.

(1) 안면탐지 및 인증 기기

컴퓨터 비전이 가장 기초적으로 사용되는 분야는 안면 윤곽을 탐지하는 기기들이다. 코로나19 팬데믹 때 건물 등의 출입자에 대해서 발열 여부를 확인할 목적으로 안면 열화상 카메라가 사회 전반에 보급되었는데, 그 역시 카메라에 잡히는 여러 시각 정보 중에 안면 윤곽을 탐지하여 열을 측정하는 기술을 기반으로 한다. 애플의 페이스 아이디(Face ID) 역시 얼굴 윤곽이 드러내는 고유한 안면 정보를 기반으로 사용자 인증을 제공하는 서비스다. 애플의 페이스 아이디에서 사용하는 얼굴 정보는 기기 내부에서만 처리하고 해당 정보를 다른 곳으로 전송하지 않는다고 알려져 있다.

중국에서는 안면인식 기술을 이용한 결제 서비스가 보급되고 있으며 사전에 얼굴 정보를 결제 수단과 연동하고 상점의 안면인식 기기에 얼굴을 인식하면 시스템이 결제를 승인하는 방식이다. 최근 기업이나 은행 등 본인 인증이 필요한 곳에 추가적인 인증 수단으로 안면탐지를 기반으로 한 기기가 많이 사용되고 있다.

이 방식은 개인정보 보호에 대한 우려가 있으며 중국 정부는 관련 법규를 강화한다고 발표했다.

사례 7 — 인공지능 은행원과 사회취약계층

안면탐지 및 인식 기능이 가장 적극적으로 도입되고 있는 사회 분야 중 하나는 금융권이다. 최근 시중 은행들은 잇달아 안면탐지 및 인식을 기반으로 하는 실명 확인과 인공지능 은행원 등 비대면 금융 서비스를 도입하고 있다. 은행에서나 모바일뱅킹 앱을 사용할 때 신분증과 얼굴 촬영으로 간편하게 본인을 확인하는 것이다. 신한은행이나 국민은행, 우리은행 등은 일부 영업점에서도 인공지능 은행원을 도입해 가상의 은행원과 은행 업무를 보고 서비스를 안내 받는다.

이처럼 인공지능 및 디지털 기술을 기반으로 한 비대면 서비스가 확대되면서 상대적으로 이용이 감소하는 영업점이나 자동화기기ATM는 감소하고 있다. 금융감독원에 따르면 2021년 12월 기준 ATM은 2016년 말 대비 6,972개 감소했으며 오프라인 영업점도 2022년 3월 기준 871곳 감소했다.

비대면 금융서비스를 주로 사용하는 세대에게는 이 같은 변화가 큰 문제가 되지 않지만 이는 고령층과 장애인 등 사회취약계층의 금융권 접근성을 현저히 낮게 하고 있다. 은행 업무 전반이 비대면으로 전환되고 인공지능 기술을 통해 안면인증을 요구하면서, 디지털 기술에 익숙하지 않은 사회 소외계층이 은행 업무를 보는 데 불편을 겪는 것으로 나타났다. 이와 같은 사회 격차는 디지털 기술 및 비대면 서비스 전반에 나타나고 있지만 특히 안면인증 기술의 경우는 사회취약계층의 물리적 접근 자체를 어렵게 하는 경우도 있다.

또 영업점에 설치된 안면탐지 및 인증 카메라는 국민의 평균 키를 기준으로 얼굴의 위치를 계산하여 설치되어 있는데 고령층이나 장애인 등은 안면인증 카메라에 닿지 않는 경우가 대부분이다.

이는 키오스크에서도 동일하게 나타나는 문제점이다. 실제로 병원 등록, 저축 인출, 전기요금 지불 등 생활에 필수적인 대부분의 업무에 안면인증을 도입한 중국에서는 사회보장카드를 활성화하기 위해 후베이성 은행에 방문한 94세 할머니가 안면인증 카메라의 인증 절차를 거치기 위해 아들에 의해 카메라 위치까지 몸이 들어올려지는 영상이 화제가 되기도 했다.

이처럼 안면탐지 및 인식 기술 자체보다 이 기술이 사회에 물질화될 때 섬세하지 못한 설계로 사회취약계층의 소외를 가속화시킬 수 있다. 미국의 기술철학자 랭던 위너는 미국 뉴욕주 롱아일랜드에 있는 낮은 다리를 예시로 들어 기술이 도시 전경 안에서 설계되고 배치되는 방식은 굉장히 정치적일 수 있다고 주장한 바 있다.[24]

이 책의 서두에서도 소개했듯이 로버트 모제스가 1900년대 초반 설계한 뉴욕주 롱아일랜드의 다리는 한 공원 및 휴양지에 진입하는 곳에 세워져 있는데, 유달리 낮게 설계되어 승용차 이외의 높이가 높은 버스나 상업용 차량은 진입이 어렵다. 이는 미국 사회 안에서 차를 소유하지 않고 버스를 이용하는 사람들이 경제적으로 부유하지 못한 사람이거나 유색인종일 확률이 높다는 점을 감안하여 이들이 공원과 휴양지에 진입하지 못하도록 의도적으로 설계되었다. 얼핏 보기에는 조금 낮은 다리이지만 도시 전경 안에서 다리가 특정한 방식으로 설계될 때 기존에 존재하는 사회 위계구조를 강화할 수 있다는 점을 시사하는 예시이다.

이는 안면인증 카메라가 고령층이나 장애인 같은 집단을 섬세하게 배려하지 못한 채 도시 곳곳에 설계된 점을 이해하는 유사한 맥락을 제공한다. 인종차별이 존재하던 당시의 미국 사회와 달리 현대사회에서는 사회 소외계층이 사용하지 못하도록 의도적으로 설계되었을 확률은 현저히 낮지만 그럼에도 불구하고 다양한 사회집단의 상황을 섬세하게 반영하지 못한 기술의 설계는 의도하지 않은 차별을 가져오거나 이미 존재하고 있는 사회적 위계구조를 공고히 할 가능성이 높다.

안면인증 서비스에 대해 우려하는 사회적인 담론은 대부분 이 기술이 갖고 있는 개인정보 침해 우려다. 이는 '얼굴'이라는 고유하고 직관적인 개인 식별 정보에 대해 가질 수 있고 가져야 하는 합당한 비판 지점이다. 하지만 이 기술이 설계되는 방식으로 인해 실제 사용 중에 발생할 수 있는 의도하지 않은 차별과 사회 문제에 대해서는 비판적인 고찰이 필요하다. 불편을 겪는 이들이 소수라고 해서 대안 없이 위계적인 설계를 유지할 수는 없을 것이다.

(2) 감시 카메라

컴퓨터 비전 기술이 감시 카메라와 결합한 예시는 이미 많은 사람들에게 익숙하다. 치안과 안전을 관리하는 데 효율적이라는 생각 때문에 수요가 급증하고 있으며 컴퓨터 비전과 관련된 글로벌 시장은 연평균 7.0%의 성장세를 기록하고 있다. 특히 다양한 센서에서 입력된 신호를 통합하여 특정한 정보를 도출하는 과정에서 컴퓨터 비전 기술이 상당한 비중을 차지하고 있다.

디지털 카메라는 저렴해지면서 소형화되었고 컴퓨터 비전 기술의 발달과 함께 광범위하게 사용되고 있다.

특정 공간의 정보를 파악하기 위해 가장 많이 사용되는 것이 카메라와 컴퓨터 비전 기술이다. 단순히 영상을 촬영하고 저장하던 폐쇄회로 카메라(CCTV)는 특정 공간의 객체를 구분하고 이동 경로를 파악할 수 있게 되었다. 이에 따라 특정 도로 구간의 교통량을 시간에 따라 분석하거나 특정 공간의 군중을 개인으로 구분하고 동선을 추적하는 용도로 사용되고 있다. 또한 특정 객체(자동차, 로봇 등)에 부착하여 해당 객체의 주변 상황을 인식하는 데 사용할 수 있다.

국내에서도 인공지능 엑스레이 영상 자동 판독시스템이 항공 보안을 위해 기내 반입 금지 물품 20종을 자동 판독하며, 일부 기업의 보안을 위해 USB, SD카드, 외장하드 등 정보보호 물품 6종의 반입 및 반출을 자동으로 판독하고 있다. 국회에서도 테러 방지 및 각종 폭발물을 사전 차단할 목적으로 동일한 기술이 사용되고 있다. 최근 민간의 CCTV를 분석할 때도 촬영된 영상에서 이상 행위를 탐지하고 강한 빛이나 연기 등의 재난 의심 증상을 관제 요원에게 알리는 범위에서 컴퓨터 비전 기술이 활용되고 있다. 현재 대량의 객체를 추적하는 것도 가능하며 여러 카메라가 각기 다른 장소에서 촬영한 동영상에서 특정 객체들의 동선을 추적하는 기술도 상용화되었다.

사례 8 '홍콩 민주화 운동'과 감시카메라

2019년 6월 9일부터 홍콩 정부가 추진한 '범죄인 인도 법안'에 반대하는 대규모 시위가 2020년까지 진행되었다. 범죄인 인도법안은 홍콩과 사법 체계와 인권

그림 43. 홍콩 반정부 시위의 광경[25]

인식이 다른 중국으로 범죄 용의자를 송환할 수 있도록 하는 법안인데, 홍콩 시민들은 홍콩 행정부에 법안 철회 및 전면적인 민주화를 요구하며 대규모 시위를 벌였다. 시위는 최대 200만 명까지 참가한 것으로 추산되는데 이는 홍콩 인구의 4분의 1에 해당한다. 시위가 발생한 사안 자체의 중요성뿐 아니라 시위에 대한 홍콩 행정부의 대응 방식이 국제적인 주목을 받았는데, 중국과 홍콩 당국은 시위 참가자에 대한 체포와 처벌 위협, 그리고 군사 훈련 등으로 맞섰으며 이들을 체포하는 과정에서 객체 추적 기능이 활용된 감시 카메라가 전면적으로 활용되었다.

홍콩의 감시카메라 숫자는 당국이 보안을 이유로 밝히지 않고 있지만, 다양한 관련 정부 문서를 바탕으로 가장 보수적으로 추산해도 2014년 SCMP 보도 기준 5만 대 이상인 것으로 확인됐다. 이들 감시 카메라는 인

공지능을 사용한 안면인식 시스템을 탑재해 개개인을 인식하고 파악할 수 있도록 설계되어 있다. 이 감시 카메라를 시위 현장에 적용하여 대규모 인원의 신분을 추적하고 체포하는 데 사용한 것으로 알려졌다.

홍콩 행정부가 선택한 중국식 디지털 감시에 맞서 홍콩 젊은이들은 자위 수단으로 우산으로 CCTV를 가리거나 핸드폰 플래시를 사용해 CCTV의 객체 추적을 방해했고, 시위에 참가할 때 고글이나 헬멧 등을 착용해 얼굴의 일부를 가리는 등의 방법으로 대응하기도 했다.

유럽연합 집행위원회가 2021년 4월 발의한 '인공지능에 관한 법률Artificial Intelligence Act'은 제5조 제1항 제d호의 규정을 통해 인공지능시스템이 법집행을 목적으로 공공장소에서 실시간으로 생체정보를 수집해 신원을 확인하는 것을 금지하고 있다. 이는 유럽 특유의 사생활의 자유를 보장하는 문화를 드러내는 법안으로 볼 수 있는데, 미국에서는 알고리즘이 갖는 편향성 문제 때문에 유사한 법안이 발의되었다.

미국에서도 2016년 인공지능시스템 COMPAS를 통해 범죄 가해자의 범죄 경력, 직업 경력, 교육 수준, 약물복용 기록, 정신건강 상태 등의 데이터를 분석하고 재범 위험을 예측했는데, 이는 유색인종이나 여성에 대해 편향된 예측 결과를 내놓아 사회적인 문제가 되었다. 이에 워싱턴주는 2020년 3월 '안면인식 기술 규제에 관한 법률'을 통해 워싱턴주와 주의 소속기관이 계속적 감시, 실시간 식별, 지속적 추적을 목적으로 안면인식 시스템을 사용하는 것을 금지했고, 비슷한 이유로 뉴욕시와 캘리포니아주의 샌프란시스코시에서 소속 기관 및 상업 시설에서 안면인식 기술의 사용을 금지하거나 생체식별정보 고지 의무를 부과했다. 2020년에 구글, IBM, 마이크로소프트 등 미국의 글로벌 빅테크 기업이 관련 규제가 완비될 때까지 자사에서 개발한 안면인식 시스템을 제공하거나 판매하지 않기로 선언한 것도 동일한 취지다.

이는 컴퓨터 비전을 통해 '얼굴'을 인식한다는 것이 얼마나 쉽게 권력과 감시의 문제로 연결될 수 있는지 생각해 보게 한다. 프랑스 철학자 미셸

---

25 이미지 출처: https://www.joongang.co.kr/article/23516381#home

푸코Michel Foucault는 그의 1975년 저서 『감시와 처벌Surveillance and Punishment』을 통해 중세시대부터 현대까지 프랑스 감옥의 역사를 탐구하고 그 속에 숨겨진 권력 관계를 이론화했다. 푸코의 핵심은 감옥에 존재하는 각종 장치의 발견을 통해 권력이 어떻게 한 개인의 신체를 조종하고 통제하는지 탐구한다. 또한 프랑스에서 심리학, 병리학이 죄인의 죄를 측정하고 정당화하기 위해 발달한 역사를 탐구하면서, 어떻게 권력이 고착화될 수 있는 방향으로 학문이 선택적이고 편향적으로 발전해 왔는지 비판적으로 고찰한다.

이와 같은 이론적 맥락에서 컴퓨터 비전을 탑재한 감시카메라는 인공지능을 사회 제반 시설의 기술적 조건으로 삼아 발전 중인 현대사회에서 객체 인식 및 추적 기술과 이를 구현하기 위한 관련 학문들이 특정 국가 및 조직의 권력 체계를 유지하는 방향으로 사용되고 발전될 수 있음을 짐작할 수 있게 한다.

현재 감시 카메라와 관련된 객체 인식 및 추적 기술이 직면한 과제는 그 사용 범위와 맥락에 대한 제도적 규제가 가장 시급하다. 개인정보 보호 문제나 사회적 편향 문제로 인해 정부 단위의 사용은 대부분의 국가에서 금지되어 있으나 상업적 이용은 대체적으로 허용되고 있는 만큼, 제도나 법적인 규제 이전에 객체 인식 및 추적 기술의 활용 범위에 대한 사회적인 합의나 개발자 윤리 등에 대한 접근도 필요하다.

(3) 감정 분석

안면인식 기술은 상업적인 목적으로 적극적으로 사용되고 있는데, 그중 하나가 소비자의 얼굴을 탐지하고 부호화하여 얻을 수 있는 정보를 바탕으로 감정을 분석하는 것이다. 소비자의 시선이 위치하는 곳을 분석하여 취향을 파악하는 안면인식 카메라도 개발되었으며, 학생들의 시선이 위치하는 곳과 시간을 분석해 수업 집중 정도를 파악하는 안면인식 탑재 안경도 개발되어 있다. 보다 일상적으로는 스마트폰이나 클라우드에 사진을 저장하면 사진에 자주 등장하는 얼굴과 표정을 분석해 사진의 중요도를 결정해서 분류해 주는 서비스도 상용화되어 있다.

사례 9 　**사진 분류 기술의 보편적인 감정**

딥러닝을 기반으로 한 컴퓨터 비전 기술의 시작은 2012년에 구글 연구팀이 발표한 연구 논문에서 출발했다. 2012년 구글 연구팀은 일명 'cat paper'라고 불리는 연구논문 「Building high-level features using large scale unsupervised learning」을 발표하는데 이는 인공 신경망으로 연결된 대규모 컴퓨터 네트워크 안에서 알고리즘이 스스로 시각 데이터 간의 차이를 학습하여 분별하는 딥러닝의 시작이었다. 구글 연구팀은 16,000대의 컴퓨터를 연결하여 컴퓨터 인공 신경망을 형성하고 1주일 동안 유튜브 비디오를 재생하여 영상 속에 공통적으로 등장하는 물체를 인공 신경망이 스스로 학습할 수 있는지 실험했다.

무작위로 선별된 1천만 개의 이미지와 그 안에 포함된 약 2만 개의 물체를 3일 동안 학습한 결과 인공지능은 처음으로 고양이의 이미지를 스스로 학습했고 이는 컴퓨터 비전 기술에 획기적인 성과를 가져왔다(Le et al., 2012).

구글은 자사가 제공하는 다양한 서비스에 딥러닝을 기반으로 한 컴퓨터 비전 기술을 적용했다. 그 중 하나가 2015년 출시된 사진 저장 및 분류 서비스인 구글 포토스Google Photos이다. 출시 초반 구글은 구글 포토스가 갖고 있는 무제한 디지털 이미지 저장 용량, 자동 사진 정렬 시스템, 쉬운 사진 공유 방법을 강조했는데, 구글 포토스는 사용자의 개입 없이 자동으로 사진 속의 인물, 장소, 시간, 주제에 따라 분류했다. 2016년 5월에는 시스템을 업그레이드하여 사용자가 저장한 사진 중에서 여행 사진을 고르고 그 중 베스트 컷만 모아 여행 앨범을 자동으로 만들어 주는 서비스를 제공했다. 유사한 기술이 애플 아이폰의 사진첩에도 사용되는데, 저장된 사진 중 '기억할 만한' 사진을 따로 묶어 앨범을 만들고 지속적으로 사진을 꺼내어 보도록 하고 있다.

구글 포토스 출시 직후 프로덕트 매니저는 언론 및 잡지 인터뷰를 통해 어떤 사진이 선택되어 여행 앨범에 포함되는지 설명했다. 구글 포토스 알고리즘은 여행 앨범을 자동으로 생성하기 위해 가장 먼저 사진의 시간과 장소 정보를 파악한다. 위치정보 서비스를 통해 장소를 파악하기도 하고 등록된 사용자의 집과 거리가 떨어진 곳에서 찍힌 사진이 일정 기간 반복된다면 여행으로 추론한다. 특히 이 기간이 국가 공휴일, 대학 방학 기간, 혹은 캘린더에 등록된 기념일일 경우는 확률이 더욱 높아진다. 또는 사진 속에 등장하는 주요 지형지물을 파악하여 유명 관광지를 식별하기도 한다. 이 과정에서 컴퓨터 비전을 기반으로 한 안면인식 기술도 활용되는데, 알고리즘은 사진 속에 반복적으로 등장하는 얼굴을 탐지한 후 얼굴의 눈, 코, 입, 광대뼈 등 주요 지점을 코드화하여 코드 간 각도 및 거리를 계산한다. 계산값을 바탕으로 사진 속 얼굴이 눈을 떴는지, 웃고 있는지 파악하는데 구글 포토스 여행 앨범에 포함된 사진은 얼굴이 정면을 향하고, 눈을 뜨고 있으며, 웃고 있는 사진이다.

사진 앨범의 안면탐지, 부호화, 인식 기술의 기본 논리는 사진 속 눈, 코, 입, 광대 등 주요 지점 간의 거리를 웃는 표정으로 해석하고 이를 행복한 감정으로 분류하는 데 있다. 여기에는 중요한 심리학 실험이 근거로 작동하는데 미국의 행동주의 심리학자 폴 에크만Paul Ekman의 실험이다. 에크만은 보다 정확하게 인간의 '얼굴 표정'에 관심이 있었다. 그는 인종, 성별, 국적, 언어 등의 문화적 특성과 무관하게 모든 인간에게는 보편적인 감정 표현이 존재한다고 믿었다. 몇몇 다른 인종의 실험 참여자를 만나고 파푸아 뉴기니에서 비슷한 실험을 거듭하며 나름대로 이론적 증거를 정립하면서 인간에게는 보편적인 감정(분노, 공포, 혐오, 슬픔, 즐거움, 놀람, 경멸)이 있고 이 감정들은 동일한 얼굴 표정으로 나타나 맥락 없이도 모든 감정을 파악할 수 있다고 주장했다.[26]

---

26 Ekman, Paul, and Wallace V. Friesen. *Unmasking the face: A guide to recognizing emotions from facial clues*. vol. 10. Ishk, 2003.

에크만이 정의한 감정에 따른 얼굴 표정과 그가 나름 체계적으로 이론화한 눈과 입 근육의 움직임 FACS Facial Action Units, 그리고 에크만이 정의한 7가지 보편적인 감정은 인공지능을 개발하는 세계적인 기업의 환대를 받으며 사회적인 사실로 재생산되고 있다. 에크만의 연구는 인공지능의 계산 결과를 특정 감정으로 추론하는 데 이론적 근거를 제공하지만, 사실 많은 학자들이 에크만의 실험이 서구 중심의 감정 체계와 이해를 다른 문화권에서 시험해 본 것에 그치는 매우 위험한 서구 중심적 사고이며, 문화에 대한 이해가 부재한 상태에서 진행된 권위적인 실험이라고 비판했다. 그럼에도 불구하고 안면인식을 기반으로 한 감정 분석은 여전히 에크만의 이론을 기술적으로 강화하고 있다.

인공지능의 감정 분석은 사진첩을 만들어 주는 데 그치지 않고 자율주행 자동차, 가전제품 등에까지 활용되어 사용자의 성별, 나이, 감정 상태, 만족도 등을 파악할 예정이다. 인간의 감정이 정말 보편적인지, 에크만의 7가지 감정 분류 체계가 충분히 '과학적'인지 사회적으로 검증하는 과정이 반드시 필요하다.

(4) 이미지·영상 편집

이미지 및 영상 편집을 위한 다양한 컴퓨터 비전 기술과 알고리즘이 있다. 최근에는 딥러닝과 컴퓨터 비전의 결합으로 더욱 정교하고 효과적인 이미지 및 영상 편집 기술이 발전하고 있다. 구글 딥드림 Google DeepDream은 딥러닝 모델의 시각화 기술 중 하나로 주어진 이미지를 입력으로 받아 딥러닝 모델을 사용하여 인식된 패턴을 강화한 이미지를 재생성한다. 딥드림은 입력 이미지를 CNN 모델에 통과시켜 얻은 특징을 강화하는데, 이 과정을 반복하여 이미지를 생성한다.

이와 유사한 DALL-E^{Drawing Artificial Intelligence Language Model}는 텍스트로부터 이미지를 생성하는 기술로, 문장을 입력하면 해당 문장에 대한 의미를 이해하고 이를 바탕으로 새로운 이미지를 출력한다. 이는 큰 이미지 데이터 세트를 이용하여 사전 학습된 모델로서 이미지를 구성하는 다양한 객체와 속성, 조합 등의 정보를 바탕으로 사용자의 요구에 따라 이미지를 생성한다.

딥페이크^{Deepfake}는 딥러닝 기술을 이용하여 인공적으로 만들어진 영상이나 음성 등을 의미한다. 보통 생성적 적대 신경망 Generative Artificial Networks, 즉 GAN을 이용하여 이미지나 동영상을 생성하는데, 실제로는 존재하지 않는 사람이나 상황을 만들어 내거나 기존의 영상이나 이미지를 조작하여 다른 사람처럼 보이도록 할 수 있다.

사례 10 인공지능이 그린 그림과 지식재산권

2014년부터 생성적 적대 신경망GAN 계열의 프로그램이 개발되면서 그림을 그릴 수 있는 인공지능이 소개되기 시작했다. 처음 수준은 사용자가 그린 그림에 자동으로 색채를 덧입히는 수준이었고 결과물이 예술적으로 큰 가치가 있거나 큰 관심을 받지는 못했다. 하지만 2022년 7월에 DALL-E 2가 소개되고, 같은 해 10월 NovelAI가 소개되면서 대중적인 관심을 받았는데, 이 두 서비스는 사용자가 홈페이지에 키워드나 문장을 입력하면 그것을 그림으로 제작해 주는 프로그램이다. 현재는 미드저니 Midjourney까지 프로그램이 더욱 다양해졌으며 제시어를 그림으로 변환해 주거나 이미 그려진 그림의 화풍이나 색채를 바꾸어 또 다른 그림으로 만들어 주는 프로그램이 존재한다.

2022년 이후 인공지능이 그린 그림의 결과물이 질적으로 우수해지면서 영상 편집자들이 영상 배경으로 활용하는 등 사회적으로 다양한 방면에서 이 기술이 활용되어 왔다. 그림을 그리는 인공지능과 관련하여 최근 가장 흥미로운 사건은 2022년 미국의 게임 기획자인 제이슨 앨런이 미드저니 프로그램을 이용하여 그린 그림 〈스페이스 오페라 극장〉을 콜로라도 주립 박람회 미술대회에 출품했고, 인공지능이 그린 이 그림이 대회 1등을 차지했던 사건이다. 앨런은 미드저니 프로그램에서 원하는 이미지를 얻기 위해 반복적으로 설명문을 입력했고 생성된 그림 중 3점을 선택해 대회에 제출한 결과 그중 하나가 1위를 차지한 것이다.

앨런이 참여한 대회는 미술전의 디지털아트 부문으로 창작 과정에서 디지털 기술을 활용하거나 색깔을 조정하는 등 디지털 이미지를 편집하는 행위가 허용된다. 넓은 맥락에서 앨런의 '입력 행위'는 디지털 기술을 활용한 편집으로 인정되어 번복 없이 앨런의 수상이 인정되었다. 미술전 자체가 디지털 아트 부문이었기에 앨런의 수상이 규칙상 문제가 될 것은 없어 보인다. 하지만 생성형 인공지능이 어떤 방식으로 그림을 만들어 내는지 살펴볼 필요가 있다. 그림을 그리는 생성형 인공지능의 알고리즘은 가장 먼저 50억 개가 넘는 이미지-텍스트 쌍을 통해 둘 간의 관계를 학습한다. 이용자가 작업 메시지를 입력하면, 메시지의 주요 텍스트에 대한 이미지에 무작위의 점을 단계별로 추가해 알아볼 수 없을 정도로 그림을 망가뜨린 후 이용자의 작업 메시지에 맞추어 다시 그림을 복원하는 과정을 반복한다. 이 과정에서 딥러닝 알고리즘은 노이즈를 얼마나 제거하면 어떤 특성에 맞는 이미지를 생성할 수 있는지 예측한다.

이 과정은 기존 예술 작품의 맥락에서 이미지-텍스트 쌍에 대한 학습이 선행되어야 하는 것인데 모델을 학습시키기 위해 대부분의 프로그램은 인터넷상에서 이미지 데이터를 긁어모은다. 미드저니나 스테이블 디퓨전처럼 미국의 프로그램은 디비디언아트 같은 아트 공유 플랫폼, 워드프레스 같은 개인 블로그 플랫폼, 게티이미지 같은 이미지 공유 플랫폼이 주요 출처로 꼽힌다. 모든 인공지능 학습 데이터가 그러하듯 이 과정에서 따로 이미지 사용에 대한 동의를 구하거나 저작권료를 지불하지 않는다.

2023년 1월 미국 캘리포니아에서는 예술가가 이들을 상대로 소송을 제기했고 그림을 그리는 생성형 인공지능에 대해 저작권에 대한 보상 없이 무단으로 만들어 낸 21세기 콜라주 도구라고 비판했다. 이미지 공유 플랫폼인 게티이미지는 이미지 생성형 인공지능 기업을 상대로 지적재산권 침해에 대해 거액의 소송을 제기했다.

국내에서도 유사한 맥락에서 인공지능이 만든 웹툰에 대해 보이콧을 하는 운동이 시작되었다. 네이버 웹툰에 아마추어 창작자들이 올린 그림 중에는 인공지능을 이용하여 만들어지는 사례가 많으며, 그 과정에서 작가들의 '그림체'가 무단으로 도용 당했고 이들의 웹툰 역시 향후 네이버의 생성형 알고리즘을 위한 학습 데이터로 쓰일 수 있다는 이유 때문이다. 'AI 보이콧'은 웹툰뿐 아니라 방송작가, 일러스트레이터, 웹소설 작가 등 기존에 예술 창작자로 분류되던 직업군 전반으로 확대되고 있다.

인공지능 창작물에 대해 거부감을 드러내는 창작가군과 독자가 있는가 하면, 생성형 인공지능을 활용한 창작은 이미 거스를 수 없는 흐름이라는 입장의 전문가 지적도 있다. 이미 생성형 인공지능이 광범위하게 활용되고 있으며 어떤 부분에서는 인간이 직접 그린 것보다 품질이나 효율 측면에서 인간 단독으로 생성한 것을 능가하기 때문에, 이용을 막을 수 있는 길이 없다는 것이다.

생성형 인공지능을 창작의 영역에서 활용하는 사례가 늘어나면 기존에 우리가 논하던 예술의 가치 측면에서도 새로운 논의가 필요하다. 지금까지 예술의 가치는 작품 자체의 희소성이나 작가 고유의 화풍이 결정해 왔다. 하지만 생성형 인공지능은 기존의 방향보다는 예술 작품의 대량 생산으로 이어질 가능성이 있으며 이는 결국 무엇이 예술인지에 대한 기존의 논의에 마찰을 불러올지도 모른다.

독자들이나 창작자들의 반발이 거세지만 국내에서는 네이버와 카카오 모두 2023년 웹툰 공모전에서 2차전부터는 인공지능 사용을 금지하기로 했다. 창작자 진영에서 퍼지고 있는 AI 보이콧 운동이 이미 시작된 이미지 생성형 인공지능의 확산이나 기술 개발을 막을 수는 없겠지만, 규제의 도입이나 윤리적 차원의 논의가 기술 개발과 병행되어야 함은 자명하

> 다. 현재의 생성형 인공지능에서는 알고리즘이 어떤 데이터를 학습했는지, 어떤 이미지를 조합하여 이미지를 생성했는지 알 수가 없으며 노이즈를 더하고 빼는 과정을 반복하는 인공지능의 그림 생성 과정은 인간 작가가 하는 것과 매우 다르기 때문에 동일한 기준의 저작권이나 지적재산권 잣대를 들이밀 수 없다.
> 국내에서는 문화체육관광부와 한국저작권위원회가 'AI-저작권법 제도개선 워킹그룹'을 발족하여 인공지능 산출물 관련 가이드라인을 준비 중이다. 하지만 이미지 생성형 인공지능을 통해 막대한 수익을 벌어들이고 있는 기술 기업이 논의의 장에 적극적으로 참여하고 어떤 대응을 하느냐가 관련 담론에 지대한 영향을 미치는 만큼 아직 논의는 시작도 하지 않은 것으로 볼 수 있다.

(5) 자율주행 자동차

자율주행 자동차를 완전하게 실현하기 위해서는 자동차 자체 기술뿐 아니라 도시 인프라 전체의 개선이 필요하다. 하지만 자율주행 자동차 자체에 사용되는 가장 기본적인 기술은 의미적 분할 기술이다. 자율주행 자동차를 실현하기 위해서는 먼저 컴퓨터가 자동차 주변의 정보를 바탕으로 자동차를 조작하도록 하는데, 주변의 정보를 파악하기 위해 자동차에 여러 카메라를 부착하고 이를 분석하기 위해 컴퓨터 비전 기술을 사용한다. 이 기술은 자율주행 자동차뿐만 아니라 향후 로봇에도 적용 가능하다. 인공지능을 활용한 자율주행의 대표주자인 테슬라는 의미적 분할, 객체 인식, 단안 카메라 깊이 예측Monocular Depth

Estimation 기술을 통해 실시간으로 영상을 분석한다. 특히 의미적 분할을 통해 영상 내에서 차와 사람이나 차량 인식만이 아니라 도로, 인도, 차선, 횡단보도 등을 구분한다.

🔵 생각해 보기 - 컴퓨터 비전의 미래

컴퓨터 비전과 관련된 인공지능 기술은 영상 처리의 성능을 높이기 위한 인공지능 기술과 영상을 처리하여 추출한 데이터를 기반으로 특정 작업을 수행하는 인공지능 기술로 나누어 생각해 볼 수 있다. 인공지능 기술이 도입되기 전에도 텔레비전, 컴퓨터, 스마트폰 등의 매체를 통해 이미 시각성에 기반한 문화를 형성했기에 컴퓨터 비전은 인공지능 기술 중에서도 가장 상업적으로 유망한 분야로 손꼽힌다. 앞서 소개한 사례 외에도 공장 등의 생산라인에서도 이미지 인식 기술을 바탕으로 생산라인이 재편되거나 인간과 기계 사이에 고착된 관계가 새롭게 구성되고 있다.

이미지 인식 기술의 가능성은 무궁무진하지만 컴퓨터 비전 분야에서 가장 주목받고 있는 것은 자율주행이다. 자율주행 차량은 차량에 장착된 여러 카메라를 통해 들어온 영상 정보에서 도로, 차선, 차량, 신호등, 횡단보도, 보행자, 장애물 등을 구별해 내는 인공지능 기술이 있으며, 이렇게 구별된 정보를 기반으로 차량의 가속과 감속, 정지, 스티어링 휠 조작에 관여하는 인공지능 기술이 있다.

인간은 시각을 통해 주변 상황을 파악하여 보행, 운전, 식사 등 모든 동작을 보조한다. 인간이 감각 정보를 처리하는 데 있어서 사실상 시각 정보는 특정 기능에 종속된 것이 아니다. 우리가 어떤 기능을 학습할 때, 처음에는 주어진 정보를 동작과 연결하는 데 시행착오를 겪다가 학습이 진행되면 능숙하게 수행할 수 있게 된다. 보행에 익숙한 우리가 시각으로 파악한 정보를 무의식적으로 보행에 활용하는 것을 예로 생각해 보면 쉽다. 인공지능 기술이 인간과 같이 영상 처리와 동작 수행의 두 가지를 결합한 형태로 수행할 수 있게 되면 사회에서 획기적인 방식으로 활용이 가능해진다.

자율주행 자동차를 예로 들면, 자율주행 기술이 충분히 성숙하게 되어 무인 운행이 가능해지면 그 이후의 사회적 변화는 운전 관련 직종의 축소에만 국한되지 않는다. 택시와 같은 여객운수사업에서 시간에 따라 변화하는 각 지역의 수요를 예측하여 차량의 배치를 조정하여 현재 운전자의 수익에 따른 공급의 문제를 최소화하거나 운전자 피로에 따른 사고율을 낮추는 등의 변화도 뒤따를 것이다. 차량 소유자에게 적절한 경제적 유인을 제공하여 개인 소유 차량을 사용하고 있지 않을 때 여객운수 차량으로 전환하면 해당 지역의 전체 차량 수를 축소할 수 있게 되며 주차 공간을 추가 확보하지 않고 필요한 주차 공간을 충족할 수도 있다. 화물운송사업에서 대형 화물차량을 하나의 네트워크로 묶어 수집되는 정보를 공유하고 조작을 일원화하여 효율을 높일 수 있다.

현재의 안전거리는 상황 변화에 따른 운전자의 반응 속도와 차량의 관성과 감속 능력에 따라 정해진 것이다. 만약 여러 자율주행 차량이 수집하는 정보와 조작을 공유하면 최선두의 차량이 수집한 정보에 따라 가속이나 감속할 경우 후속 차량들도 동시에 가감속을 시작할 수 있어 차량 간 필요한 안전거리를 크게 줄일 수도 있다. 이에 따라 후속 차량들의 공기 저항 감소로 에너지 효율이 증가하며, 안전거리 축소로 도로 점유 효율도 향상될 것이다. 하지만 이러한 방식은 사고 발생 시 대형사고로 확대될 위험이 있어, 도심에서는 금지되거나 고속도로의 야간 운행으로 제한될 가능성이 높다.

이처럼 컴퓨터 비전 기술 하나가 성숙한 단계에 들어서면 한 영역에만 영향을 미치는 것이 아니라 다양한 사회적 변화가 연쇄적으로 발생할 것이다.

6장

인공지능의 행동과 작용

(로보틱스)

현재의 인공지능은 사실상 알고리즘을 지칭하며 정확한 형체가 없다. 컴퓨터 자체나 소셜미디어 등 기존의 기계에 도입되어 역할과 성능을 재편하는 기술로 이해하는 것이 적합하다. 하지만 인공지능 기술이 제각각 형체를 가질 수 있는 가능성으로써 로봇에 대한 탐구가 이어지고 있다.

로봇에 대한 정의는 시대에 따라 개념이 확장되어 왔다. 로봇이라는 용어는 체코의 극작가 카렐 차페크Karel Čapek가 1920년 발표한 희곡『로숨의 유니버설 로봇Rossum's Universal Robots』에서 처음 사용되었으며 강제 노동, 노예의 뜻을 갖는 체코어 로보타Robota에서 유래하였다. 초기 로봇은 산업용 제조 로봇의 형태로 시작하여 다른 기계 장치와의 구별을 위해 3축 이상의 동작을 할 수 있는 것으로 정의했으나, 로봇이 다양한 분야에 널리 활용되면서 여러 장치를 통칭하게 되었다. 따라서 이제는 인간이 수행하는 다양한 작업을 대체하거나 보조할 수 있는 자동화된 기계로 그 의미가 확장되었다.

현재는 외부 환경을 인식Perception하고 스스로 상황을 판단 Cognition하여 작업을 위해 동작Mobility & Manipulation하는 것을 로봇이라 칭하며, 이 중 일부의 요소만 가지고 있어도 로봇이라 부를 수 있다. 심지어 특정 작업을 자율적으로 수행하는 소프트웨어도 로봇이라 부른다. 과거에는 프로그래밍에 의해 제어되는 것이 보통이었지만 사용자에 의해 실시간으로 제어되는 장치도 로봇이라 부르게 되었으며, 인공지능의 발달과 함께 외부 환경을 인식하고 상황에 따른 판단을 내린 후 자율적으로 동작하도록 인공지능에 의해 제어되는 경우가 늘어나고 있다.

그림 44. 보스턴 다이내믹스의 개와 인간형 로봇[27]

---

[27] https://www.chosun.com/economy/industry-company/2021/11/30/K2RFYTENRZGUPNZDS4TT6BQYMA/

로봇은 제조, 의료, 탐사, 군사, 농업, 가정용 제품 등으로 다양하게 개발되어 수많은 분야에서 사용되고 있다. 산업용 로봇, 의료용 로봇, 가정용 로봇(예: 로봇 청소기), 자율주행 차량, 무인 항공기(드론), 우주나 해양 탐사 로봇 등이 각 분야에서 활용된다. 로봇 기술은 계속 발전하고 있으며, 인공 지능의 발전과 결합하여 로봇이 수행할 수 있는 작업의 범위도 계속 확장되고 있으나 인공지능과 구동장치의 한계로 인해 범용 로봇의 등장은 아직 이루어지지 않고 있다.

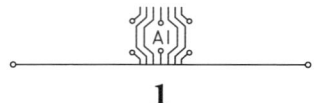

1

로보틱스

로보틱스Robotics는 기계공학과 컴퓨터공학에서 시작했으며 전기공학, 전자공학, 정보통신공학, 생체공학, 뇌공학, 인지과학 등 다양한 분야의 지식과 기술을 활용하여 로봇을 개발, 설계, 제어, 운영하는 분야이다. 로봇의 하드웨어, 소프트웨어, 감지, 정보 처리 및 제어 등을 다루며, 로봇이 다양한 환경에서 안전하고 정확하게 작동할 수 있도록 고안하는 것이다.

로보틱스는 하드웨어와 소프트웨어로 나뉘는데 하드웨어는 로봇의 구조, 기계적 특성, 동작 원리 등을 연구하여 로봇 설계와 제작을 다루고, 소프트웨어는 로봇을 제어하기 위한 알고리즘을 연구하고 프로그램으로 구현한다. 로보틱스에서 제어는 로봇의 상태를 체크하고 센서를 이용해 외부 상황을 인식하여 로봇의 상황을 파악하고, 로봇을 구성하는 장치에 적합한 명령을 전달하여 로봇의 위치, 속도, 방향 등을 결정하는 것이다. 즉 로봇의 안전성을 보장하고 원하는 작업을 수행할 수 있도록 로봇의 동작을 최적화하는 역할을 한다. 현재는 인공지능과 머신러닝 등의 기술을 로보틱스에 적용하여 로봇이 자율적인 결정을 하게 만드는 연구와 구동장치의 개념을 확장하고 성능을 개선하기 위한 연구가 진행되고 있다.

(1) 인식

센서Sensor는 물리량을 검출하여 전기신호로 변환하는 장치이다. 로봇이 상황을 인식Perception하기 위해서는 주변 환경 데이터를 받아들여 처리해야 하는데, 이를 위해 다양한 센서를 사용한다. 카메라, 레이더Radio Detection And Ranging, RADAR, 라이다 Light Detection And Ranging, LiDAR, 초음파 등을 통해 거리를 측정하여 주변 환경을 지도화Mapping하고 감압식, 정전식, 적외선 터치식 등을 통해 주변 물체와 접촉 여부와 강도를 인식할 수 있다. 또한 전극을 통해 뇌파, 심전도, 근전도 등을 입력 받을 수도 있다.

효과적으로 상황을 인식할 수 있는 정보는 거리 정보로 카메라, 레이더, 라이다, 초음파 등을 사용한다. 카메라는 들어온 영상 정보를 영상 처리 기술로 가공하여 객체를 인식할 수 있으며 둘 이상의 카메라를 사용할 경우 삼각측량을 이용해 거리를 측정할 수 있다. 또한 유일하게 색상을 인식할 수 있는 센서로 색상을 구별해야 하는 시스템의 경우 필수적이다. 카메라는 비용이 저렴하여 효율적이고 쉽게 구할 수 있지만 유용한 정보를 추출하려면 상당한 영상 처리가 필요하며 주변의 밝기에 크게 좌우된다.

초음파는 인간이 감지하지 못하는 높은 주파수의 음파를 발신하고 돌아오는 소리를 측정하여 거리를 측정하는 방식이다. 대기 중에서는 몇 미터만 벗어나도 크게 감쇠하여 단거리에서만 사용이 가능하다. 하지만 수중에서는 빛이나 전파의 감쇠가 매우 크고 음파의 경우 공기 중보다 속도가 빨라지기 때문에 소나 Sound Navigation And Ranging, SONAR를 사용하여 거리를 측정한다.

레이더와 라이다는 주변 지형을 파악하고 물체 속도를 측정할 수 있는 다양한 공통 기술들과 보완 기술들을 공유하고 있다. 레이더는 전파를 발신한 후 물체에 반사되어 돌아오는 전파를 수신하여 거리를 측정하는 것으로 비, 안개, 눈 등 환경의 영향을 적게 받는다. 매우 짧은 거리에서 매우 먼 거리까지 측정이 가능하지만 거리에 따라 시스템이 달라지며 먼 거리를 측정할 수록 분해능이 떨어져서 정밀한 측정을 하기 어렵다. 분해능은 어떤 시스템이 분별할 수 있는 가장 작은 차이를 지칭하는 용어이다. 라이다는 적외선이나 레이저를 조사하고 물체에 반사되어 돌아오는 빛을 감지하여 거리를 측정하는 것이다. 전파에 비해 빛은 파장이 짧아 높은 분해능을 가져 정밀하게 측정이 가능하지만 비, 안개 등의 환경에 취약하다. 레이더와 라이다는 모두 뛰어난 탐지각Field Of View, FOV을 갖고 있으며 360° 회전하는 경우 가장 넓은 탐지각이 된다. 라이다는 레이더에 비해 수

직 탐지각이 뛰어나며 모든 각도에서 분해능도 우위이다. 또한 최근 몇 년간 더욱 소형화되고 저렴해지고 있다.

(2) 판단

로봇이 센서를 통해 수집한 정보를 바탕으로 주변 환경과 로봇의 현재 상태를 인식하였다면 그 다음 단계로 행동을 결정한다. 이 단계에서 해답을 탐색하고 찾아낸 해답을 수행하는 동작을 물리적으로 구현하기 위해 제어 방법까지 결정하는 것이 판단 Cognition이다. 최근 인공지능이 폭발적으로 성장하고 있는 상황에서 로봇을 제어하는 소프트웨어를 구축할 때 모든 상황을 미리 예측하고 대처 방법을 하나씩 구현하는 것보다 인공지능을 학습시켜 제어 소프트웨어에 적용하면 로봇 개발의 난점을 해결할 수 있을 것으로 기대하고 있다.

로봇은 상황을 인식하고 무엇을 할지 판단한 후 동작을 하게 되는데, 모든 과정에서 인공지능을 활용할 수 있다. 상황을 인식하는 것은 컴퓨터 비전을 비롯하여 다양한 센서 정보를 처리하는 영역으로 이미 주요 연구가 인공지능에 기반하고 있다. 즉 이미지 인식, 객체 감지, 음성 인식 등 컴퓨터 비전이나 음향 처리 등에 적용된 인공지능 기술을 이용하여 사람, 물체, 장애물 등의 객체와 주변 환경을 인식하고 이해하도록 할 수 있다.

로봇이 상황에 따라 스스로 판단할 수 있게 만드는 계획과 해결 과정에 대한 설계도 인공지능을 통해 개선할 수 있다. 인공지능은 경로 탐색, 임무 할당, 일정 관리Scheduling에 유용하다. 로봇의 동작 부분도 지금까지 난이도가 높아 구현하기 힘들었던 복잡한 작업에 대한 제어, 예를 들어 사람처럼 물체를 잡고, 이동하고, 조작하는 방법을 인공지능을 통해 구현할 수 있을 것이다. 마지막으로 인공지능 언어 모델을 통해 인간과 자연스러운 상호작용을 할 수 있게 된다.

(3) 동작

로봇의 동작은 이동Mobility과 조작Manipulation이며, 이동은 장애물을 극복하여 목적지에 도달하는 것이고 조작은 물체를 들거나 원하는 지점에 놓는 것이다.

　로봇 이동은 로봇의 구조와 수행해야 하는 작업에 따라 결정한다. 바퀴는 평평한 표면에서 높은 속도를 낼 수 있으며 구조가 간단하여 에너지 효율이 좋고, 로봇청소기처럼 로봇에서 빈번하게 사용되는 방식이다. 무한궤도Caterpillar는 험한 지형을 극복할 수 있는 능력을 제공한다. 비행은 드론Drone이나 무인항공기에서 사용하며 높은 속도와 높은 이동 유연성을 갖지만 에너지를 많이 소모하며 제어 난이도가 높고 안전을 확보하기 어렵다. 보행은 계단이나 불규칙한 표면을 이동할 수 있지만 제어의 난이도가 높으며 하드웨어의 높은 내구성과 정교함을 요구하고 에너지 효율이 낮다. 보행 안정성을 확보하기 위한 4족, 6족 등의 보행 방식이 있다. 인간형 로봇을 위한 2족 보행 방식은 안정성을 확보하기가 매우 어려우며 이동 속도를 높이기 위해서는 매우 높은 수준의 제어 시스템이 필요하다.[28]

로봇 조작은 목적에 따라 공간에서 어떻게 움직일지 결정하면 축Axis에 따른 구조와 자유도로 나타난다. 축의 종류에는 회전, 관절, 직선이 있으며 어떤 동작을 해도 축은 하나이다. 자유도는 축의 개수에 따라 얼마나 독립적인 동작을 할 수 있는가를 뜻한다. 예를 들어 인간의 팔꿈치는 접고 펴는 동작만 할 수 있으며 이는 1개의 관절 축을 기준으로 움직이는 것이고 1개의 자유도를 갖는데, 어깨나 손목은 앞뒤 관절 축, 좌우 관절 축, 회전 축의 3개 축을 기준으로 움직이며 3개의 자유도를 갖는다. 사람의 팔은 어깨 3, 팔꿈치 1, 손목 3까지 총 7개의 자유도를 갖는데, 일반적인 산업형 로봇은 4~6의 자유도를 가진다. 이는 인간의 팔을 모사하려면 7개의 자유도를 갖도록 만들어야 한다는 뜻이다. 자유도가 높으면 다양한 동작을 할 수 있지만 가격이 상승하고 제어의 난이도가 높아진다.

일반적으로 로봇은 전기 모터, 유압, 공기압 등을 사용하는 구동기Actuator를 통해 구동되며 각 구동기의 특성이 달라 로봇의 목적에 따라 선택한다. 전기 모터는 대부분의 로봇에서 가장 일반적으로 사용되는 구동 방식으로 간단하고 효율적이며, 고도의 제어가 가능하다. 스테퍼 모터, 서보 모터, DC 모터 등 다양한 유형의 전기 모터를 목적에 따라 사용한다.

유압 시스템은 대형 산업용 로봇이나 무거운 부하를 들어올

---

28 https://www.chosun.com/economy/industry-company/2020/12/24/ZQG5TC76LZHILGNZQOBHFXCRWY/

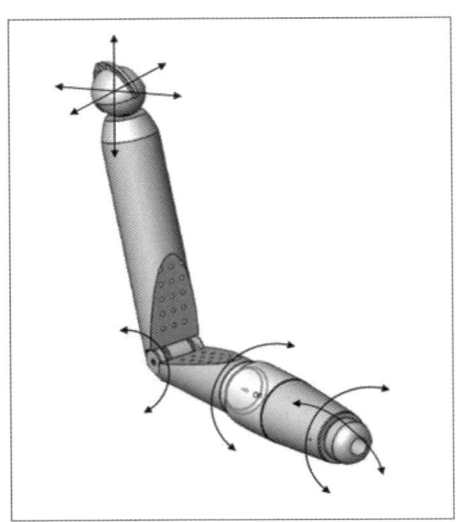

그림 45. 로봇의 관절[29]

리는 로봇에 주로 사용한다. 유압 시스템은 복잡하고 유지 관리가 필요하며 오일 누출 등의 문제를 일으킬 수 있기 때문에 큰 힘이 목적인 경우 주로 사용한다. 공기압은 빠른 움직임이 가능하지만 정밀한 제어는 어렵고 주로 높은 하중, 높은 속도를 필요로 하거나 강한 충격에 노출되는 경우 사용한다. 그리퍼 Gripper는 로봇이 물체를 잡거나 조작할 수 있게 하는 장치로 로봇의 손에 해당한다고 볼 수 있으며, 상황에 따라 적합한 그리퍼를 선택한다. 집게형 그리퍼는 간단하고 견고한 구조이며 물체를 들거나 이동하는 간단한 작업에 사용한다. 자기 그리퍼는

---

29 Li, Ning et al., "Bio-inspired wearable soft upper-limb exoskeleton robot for stroke survivors", 2017 IEEE International Conference on Robotics and Biomimetics (ROBIO), 2017, pp.2693~2698.

전자기석을 이용하여 금속체를 잡는다. 공기압 그리퍼는 흡입력을 사용하여 부드러운 물체나 불규칙한 형태의 물체에 사용한다. 흡착형 그리퍼는 미끄럽거나 내구성이 약한 물체를 다루는 데 사용한다. 그리퍼 대신 특정 작업을 수행하기 위한 전용 도구를 사용하거나 여러 도구를 갈아끼울 수 있는 툴 체인저Tool Changer 방식을 사용하는 경우도 있다.

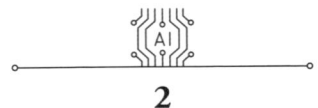

2

로봇의 현재와 미래

로봇은 현재도 사회의 다양한 영역에서 활용되고 있다. 로봇 기술은 특정한 임무를 반복적으로 수행하는 데 특화된 방식으로 만들어지기 때문에 사회의 어떤 영역에 적용되는지에 따라 사용과 개발의 맥락을 나누어 이해할 필요가 있다.

(1) 산업용 로봇

산업용 로봇은 제조 및 생산 공정을 자동화하기 위한 로봇이다. 로봇 등장 초기부터 지금까지 사용되어, 일반적으로 인식되는 로봇의 형태 중 하나이기도 하다. 생산 공정에서 물건을 조립하거나 이동하는 등의 작업을 수행하는데, 주로 위험하거나 물리

그림 46. 산업용 로봇[30]

적으로 강한 힘이 필요하거나 반복적인 작업에 투입된다.

산업용 로봇의 높은 정밀도와 일관성은 제품의 품질을 향상시키고, 불량률을 줄이는 데 도움이 된다. 또한 프로그래밍 수정을 통해 새로운 작업을 수행할 수 있어 공정이 변경되었을 때 길지 않은 시간 안에 투입할 수 있다. 산업용 로봇은 먼지, 열, 소음 등에 노출된 환경에서 작업할 가능성이 높기 때문에 이런 조건에서도 안정적으로 작동하도록 내구성을 고려하여 설계해야 한다. 이는 위험한 환경에 인간 작업자 대신 투입되어 작업을 수행할 수 있다는 뜻이기도 하다.

산업용 로봇은 금속 가공, 플라스틱 성형, 자동차 제조, 반도체 공정, 식품 가공 등 다양한 산업에서 사용되며 일반적으로

---

[30] 이미지 출처 : https://commons.wikimedia.org/wiki/File:KUKA_Industrial_Robots_IR.jpg

공장의 생산 라인에 설치되고, 제품을 조립하거나 부품을 운반하거나 품질을 검사하는 등의 작업을 수행한다.

산업용 로봇 기술은 계속 발전하고 있으며, 최근에는 인공지능과 기계학습 기술이 통합되어 더욱 복잡하고 유연한 작업을 수행할 수 있게 되었다. 이러한 발전은 산업용 로봇이 더욱 다양한 분야에서 활용되는 것을 가능하게 한다. 기존의 산업용 로봇은 지정된 동작만 수행하여 인간과 분리된 공간에서 작업을 수행하였으나 향상된 상황인식 능력과 빠르고 정확한 판단을 통해 인간과 같은 공간에서 협업할 수 있도록 발전하였다.

예를 들어, 미국의 기업 아마존Amazon은 물류를 자동화하기 위해 인공지능과 로봇을 적극적으로 도입하여 사용하고 있으며 '아마존 로봇 공학의 10년10years of Amazon Robotics'이라는 제목으로 사용 중이거나 개발 중인 로봇과 기술에 대해 발표했다. 인공지능 시스템을 통해 지속적으로 재고를 조정하고 물류창고에 운반용 로봇을 비롯하여 다양한 역할을 수행하는 로봇을 배치하여 효율성을 향상시키는 것이다.

컨테이너식 스토리지 시스템Containerized Storage System은 작업자의 업무 효율과 안전을 고려하여 개발 중인 자동화 기술이다. 작업자가 손을 뻗고 몸을 구부리거나 사다리에 올라가는 등 비효율적인 동작을 최대한 줄이기 위해 필요한 제품을 담은 컨테이너를 직원에게 맞는 위치로 전달하는 역할을 한다. 카디널Cardinal이 패키지 더미에서 상품을 선택하여 들어올리고 라벨을 읽은 후 제품 운반용 고카트GoCart에 상품을 담고 프로테우스Proteus를 통해 필요한 곳으로 운반하는 것이다. 운반용 로봇

그림 47. 물류 로봇[31]

은 로봇과 사람의 작업 영역을 구분하지 않고, 사람과 한 공간에서 작업하면서도 안전하도록 개발하여 사용 중이다.

ARID^{Amazon Robotics Identification}는 컴퓨터 비전과 기계학습 기반의 인공 지능 스캔 기능을 결합하여 작업자가 작업대에 도착한 제품 패키지에서 바코드를 찾고 이를 핸드 스캐너로 스캔하여 상품 정보와 배송 정보를 입력하고 확인하는 과정을 자동으로 처리할 수 있도록 구현한 기술이다. 카메라를 활용하여 작업자가 제품 패키지를 들어 옮기면 제품 패키지에 부착된 라벨을 자동으로 스캔하고 필요한 정보를 판독한다. 제품을 돌려 가며 라벨을 찾아 스캔하는 과정을 제거하여 작업자의 부상 위험을 줄이고 작업 속도도 높일 수 있다.

---

31 이미지 출처 : https://zdnet.co.kr/view/?no=20221018140521

(2) 의료 로봇

의료 분야에서 사용되는 로봇은 수술 중 매우 정밀한 조작으로 수술을 가능하게 하여 환자의 회복 시간을 줄일 수 있다. 수술용 로봇은 자율적으로 동작하지 않고 의사가 직접 조종하는 방식을 취하는데, 여러 관절을 갖는 로봇 팔을 이용하여 비좁고 접근이 어려운 신체 공간 안으로 작은 절개 부위를 통해 들어갈 수 있고, 관절 끝에 장치된 카메라를 통해 좋은 시야를 제공할 수 있으며, 손떨림을 보정하여 세밀한 수술이 가능해진다.

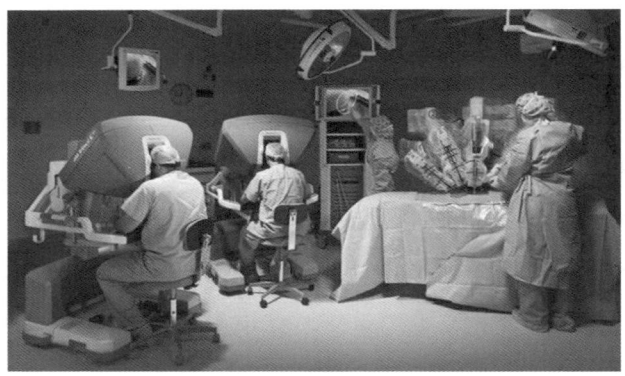

그림 48. 의료 로봇[32]

재활 로봇이나 간호 로봇 등의 경우 연구는 활발히 이루어지고 있지만 아직 널리 사용되지는 않고 있다. 반면 병원 물류 자동화를 위한 이송 로봇은 도입이 논의되는 중이다. 의료 분야에

---

[32] 이미지 출처 : https://zdnet.co.kr/view/?no=20210527161100

로봇을 적극적으로 활용하기에는 아직 해결해야 할 문제들이 있다. 환자의 의료정보를 로봇이 활용하게 될 때 생기는 개인정보 보호에 관련된 사항이나 사고가 발생했을 경우 책임 소재 등이다. 의료 분야는 인간의 생명을 다루는 만큼 다양한 사항에 대한 사회적 합의가 선행되어야 한다.

(3) 착용 로봇

착용 로봇Wearable Robot은 사용자 신체에 착용하여 운동 능력을 보조하거나 향상시키는 용도의 로봇으로 노인, 장애인 등 신체적 약자의 운동을 보조하거나 고강도 노동자의 운동 능력

그림 49. 외골격[33]

---

[33] 이미지 출처 : https://www.aitimes.kr/news/articleView.html?idxno=12668

Exoskeleton, 의지Prosthetic Limb가 있다.

외골격은 기계적 구조체를 신체 외부에 감싸 움직임을 보조하거나 강화한다. 외골격은 무거운 물체를 들거나 옮겨야 하는 경우 효과적으로 사용자의 허리, 무릎 등에 가해지는 부하를 줄여 부상의 위험을 낮추고 피로를 줄여 생산성을 향상하고 산업 재해를 줄이는 데 기여할 수 있다. 외골격은 군사, 소방, 노인 운동 보조, 산업 노동자 작업 보조, 재해 현장 잔해 제거 등에서 활용이 기대되고 있으나 출력과 동력원 확보 등의 문제가 현재 산재해 있다.

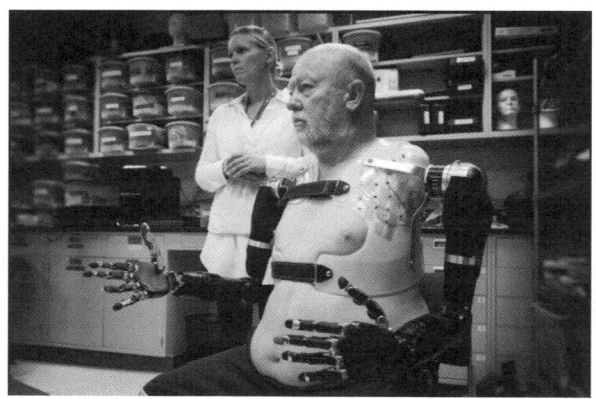

그림 50. 의수[34]

의지는 팔, 다리, 손, 발 등 신체 부위가 결손되어 사용할 수 없을 때 대체하거나 보조하는 기구로, 의수나 의족 등을 지칭한다. 신체 부위를 대체하는 장치로서 센서를 통해 명령을 입력받

---

[34] 이미지 출처 : https://www.jhuapl.edu/news/news-releases/141216-amputee-makes-history-apls-modular-prosthetic-limb

아 인간의 움직임을 구현한다. 이 분야의 가장 난점은 기계가 아니라 제어이다. 절단된 신경에서 신호를 분리하고 해석하는 난이도가 높아 근육의 수축을 감지하는 근전도로 대체하는 경우가 많다. 또한 정교한 제어를 위해 기기에 촉각 센서를 달아 착용부에 전달하는 방식도 적용되고 있다.

(4) 탐사 로봇

탐사 로봇은 인간이 접근하기 어렵거나 위험한 지역, 또는 너무 멀거나 비용이 많이 드는 장소, 예를 들어 재해 지역, 심해, 다른 행성이나 우주 등을 탐사하는 데 사용된다. 이러한 로봇은 종종 우리가 알지 못하는 환경에서 독립적으로 작동해야 하므로, 이를 위한 높은 내구성과 자율성, 환경 인식 능력이 필요하다. 가장 유명한 사례로 화성을 탐사 로봇 로버Rover가 있으며, 로버는 화성 표면의 사진을 촬영하고 돌과 토양을 분석

그림 51. 탐사 로봇[35]

하여 지질, 기후, 물 존재 여부 등의 정보를 수집했다.

수중 탐사 로봇은 바다, 호수, 강 등의 수중 환경을 탐사하여 해저 지형, 해양 생물, 해양 환경 등을 연구하거나 잠수함, 잠수부를 지원하는 데 사용된다. 재난 탐사 로봇은 지진, 산사태, 화재 등의 재난 현장에서 생존자 탐색, 구조 안전성 평가, 위험 물질 감지, 폭발물 제거 등에 사용된다. 무인 항공기 또는 정찰 드론은 접근이 어려운 지역에 대한 정보 수집, 감시, 정찰 등을 수행하고 공격하는 데 사용되기도 한다.

(5) 생활 로봇

생활 로봇은 일상에 도움을 주는 로봇으로 가정, 사무실, 학교, 병원 등에서 사용되며 일상적인 가사 노동을 대체하는 데 사용될 수 있다. 청소 로봇은 바닥, 창문, 수영장 청소 등의 작업을 수행하고 장애물을 피하여 청소를 진행하며 배터리 상황을 인식하여 자동으로 충전소로 돌아간다. 이미 상용화된 로봇 청소기가 일례다. 하지만 아직은 로봇이 인간을 대신하여 요리, 식기 세척, 빨래 등의 작업을 수행할 수 있는 단계는 아니며, 기존에 사용하던 기계에 일부 기능을 자동화하여 처리하는 정도에 그치고 있다.

---

35 이미지 출처 : By NASA/JPL-Caltech/Malin Space Science SystemsDerivative work including grading, distortion correction, minor local adjustments and rendering from tiff-file: Julian Herzog - http://photojournal.jpl.nasa.gov/catalog/PIA16239, 퍼블릭 도메인, https://commons.wikimedia.org/w/index.php?curid=22530191

(6) 인간형 로봇

인간형 로봇Humanoid은 인간의 형태와 움직임을 모방한 로봇이다. 보행, 손 움직임, 얼굴 표정 등 인간의 특성을 따라 하는 것으로 연구, 교육, 엔터테인먼트, 의료, 서비스, 재난 상황 등의 분야에서 사용이 기대되고 있다. 인간형 로봇은 기술력을 과시하는 것 외에는 특별한 용도가 없어 실용성이 낮다고 평가되었다. 하지만 후쿠시마 원자력 발전소 사고 이후 미국 국방성 산하 방위고등연구계획국DARPA이 재난 현장을 위한 대회DARPA Robotics Challenge를 열며 개발이 촉진되었다.

인간형 로봇이 필요한 이유는 인간이 생활하는 공간이 인간 형태의 개체가 활동하기 적합하게 구성되어 있으며 다양한 도구가 인간이 사용하기 용이하도록 설계되어 있기 때문이다. 이렇게 인간에게 맞춰 구성된 기반시설Infrastructure을 로봇이 활용하기 위해서는 인간의 형태가 적합하다. 특히 재해, 재난 상황에 인간 대신 투입할 로봇의 경우 인간이 거주하는 데 맞춰진 환경에서 매우 다양하고 복잡한 작업을 수행해야 한다. 여러 장애물이 널려 있는 현장에서 이동하며 제각각 다른 높낮이의 계단과 사다리를 올라 다양한 형태의 문고리를 사용하여 문을 개폐하고 들어간 후 여러 위치의 스위치, 버튼, 밸브 등을 조작하고 드라이버, 렌치, 절단기 등을 다루는 것이다.

최근에는 물류 시스템을 최적화하며 창고를 자동화하는 상황에서 화물의 운반에 자율주행을 도입하려는 연구가 진행 중이다. 이때 물류센터 내 이동이나 물류센터 간 이동은 자동화

그림 52. DARPA 로보틱스 챌린지, 재난 현장 시나리오에 대한 예제[36]

로봇과 자율주행 차량으로 해결할 수 있지만 화물을 소비자에게 전달하기 위해서는 도착한 차량에서 화물을 내려 집 앞까지 전달해야 한다. 운송 차량에서 특정 화물을 선택하여 소지하고 장애물을 피해 도로, 비탈, 계단 등을 극복하고 문고리, 엘리베이터 버튼, 초인종 등을 조작해야 하는 환경에서는 인간형 로봇을 사용하는 것이 효과적이다.

로봇 축구 대회는 인간형 로봇 개발의 일환으로서 상황을 인식하고 최적의 판단을 내려 높은 난이도의 동작을 수행하는 인간형 로봇을 구현하는 것이 목적이다.

인간형 로봇은 특정 목적을 위해 효율적으로 설계한 것이 아

---

36 이미지 출처 : By US Defense Advanced Research Projects Agency - DARPA Robotics Challenge document retrieved from: http://www.fbo.gov/utils/view?id=74d674ab011d5954c7a46b9c21597f30, Public Domain, https://commons.wikimedia.org/w/index.php?curid=40596645

니라 다양한 상황에 적용하는 범용성이 중요하기 때문에 상황을 인식하고 판단하여 구동하는 모든 부분에 인공지능을 유용하게 적용할 수 있다. 카메라를 비롯한 센서에서 입력된 정보들로 상황을 인식하는 컴퓨터 비전이나 음향신호 처리에서 사용하는 기술에 이미 인공지능을 널리 사용하고 있다. 다수의 구동기가 사용되고 다양한 동작을 수행하기 위해 이를 동시에 제어해야 되므로 보행, 조작, 상호작용 등 높은 난이도의 동작을 수행할 때 인공지능을 통해 최적의 제어 방법을 찾을 수 있다.

또한 같은 공간에서 인간과 협업하거나 상호작용을 할 때 자연어 처리 기술이 유용하다. 아직 인간형 로봇이 본격적으로 사용되고 있지는 않지만 로봇 기술과 인공지능 기술의 발달 속도를 감안하면 멀지 않은 시간 안에 다양한 분야에서 활용될 것이다.

생각해 보기 - 로봇 기술의 미래

인공지능 기술은 기존에 인간이 수행하던 업무를 보조하거나 대체하는 방향으로 발전을 거듭하고 있는 반면, 로봇 기술은 인간의 육체적 활동 자체를 보조하기 위한 방향으로 개발되어 왔다. 현재 로봇의 효용은 제한된 상황에서 입력된 단순 반복 작업을 수행하는 것으로, 산업용 로봇의 예를 들면 높은 작업 속도와 정확성을 보장하면서 인건비 대비 낮은 운영 비용으로 산업 현장의 한 축을 담당하고 있다. 아직 로봇 기술은 단순 반복 작업 이외에는 사회 전반에 적용될 수 있는 단계라고 보기 어렵다. 하지만 인공지능 기술이 발전하여 로봇과 결합하게 되면 활용될 수 있는 영역은 넓어진다.

로봇이 인간의 명령을 해석하고 상황을 파악하여 적합한 해결 방법을 탐색하고 필요한 동작을 수행하며 인간에게 적절한 정보를 제공하기 위해서는 다양한 기술이 집약되어야 한다. 인간의 음성 명령을 음성 처리 기술을 통해 텍스트로 변환한 후 자연어 처리 기술로 명령을 파악하고 컴퓨터 비전 기술을 이용하여 상황 정보를 수집하는 과정이 로봇이 행동에 대한 '의사 결정'을 내리는 데 수반되어야 한다. 또한 로봇이 명령에 따른 동작을 수행하는 과정에서 인간과 소통하고 필요한 정보를 전달하기 위해 음성합성 기술이 활용될 수 있다. 이처럼 범용 로봇이 등장하려면 대부분의 인공지능 기술이 성숙 단계에 접어들어야 한다.

로봇 기술이 발달하면 위험도가 높은 작업에 먼저 투입될 것이다. 다양한 위험이 발생할 수 있는 건설 현장, 즉 고층 건물, 교량, 하천 준설, 댐, 터널, 송전탑 등의 건설과 점검 및 유지보수에 안전하고 효율적인 건설을 위해 사용될 수 있다. 의료 분야에서는 수술 보조, 환자 모니터링, 장애인 보조 등의 역할을 수행할 것이며 긴급한 의료 지원을 위해 의료 로봇을 원격으로 조작할 수도 있다. 응급 차량에 의료 로봇을 배치하여 환자에게 시급한 조치를 수행하거나 전쟁이나 재난 상황에서도 의료 지원을 위해 의료진이 직접 이동할 필요 없이 의료 로봇을 투입할 수도 있다. 이는 의료 현장의 인력 부족 문제를 해결하는 데 기여할 수 있다. 또한 소방 및 구조를 위한 재난 현장이나 심해, 우주 탐사 등 위험도는 높지만 인류의 안녕을 위해 반드시 필요한 작업에 투입하여 인명 손실을 최소화할 수 있다.

물류 분야는 이미 로봇이 많이 활용되고 있는 분야다. 물류 시스템의 경우 로봇 활용을 통한 효율성 향상이 물류업체의 경쟁력이 되고 있다. 현재는 규격화되지 않은 크기나 무게의 물류를 분류하는 작업에는 로봇이 활용되지 못하고 있으며, 국내에서 필수적인 배달 업무 역시 인간 노동자가 행하고 있다. 하지만 인공지능과 로봇 기술이 성숙하게 되면 이 같은 업무에도 더 이상 인간 노동자의 개입이 필요하지 않을 수 있다. 농업 분야에서도 작물과 가축의 관리, 수확에 사용될 것이며, 이는 농업 분야에서 심각한 문제로 대두하고 있는 노동력 부족 문제를 해결하는 데 일조할 수 있다. 실제로 농업이 국가의 주요 산업인 동남아시아 몇몇 국가들은 스마트 팜Smart Farm 기술 개발을 인공지능과 로봇 기술 개발의 방향으로 정하고 있으며 비용 등의 문제를 해결하여 정착하게 되면 농업 역시 대규모 공장식 농업으로 전환될 가능성이 있다.

이처럼 로봇은 다양한 분야에서 노동력을 대처할 수 있다. 저조한 출산율이 대표적인 사회 문제로 꼽히는 일본에서는 일찍이 소셜 로봇Social Robot 개발에 국가 자원을 투자하여 미래 기술로서의 가능성을 조망하고 있다.

출산율이 지속적으로 감소하며 고령인구는 늘어나고 노동인구는 급격하게 축소되고 있는 한국의 상황에서도 인공지능과 로봇 기술의 결합을 통해 각 개인이 창출하는 부가가치를 높일 필요성이 대두하고 있다. 단순하거나 반복적인 업무, 위험한 환경이 노출되는 업무 등에 로봇을 투입하고 인공지능이 다양한 정보를 수집, 가공하고 인간에게 제공하여 인간은 오롯이 의사 결정에 집중할 수 있도록 보조하는 시스템을 구축하게 되면 노동생산성이 극대화될 수 있다.

맺음말

 우리가 지금 인공지능 기술에 대해 갖는 기대와 우려는 대부분 기술의 실체에서 비롯된다기보다는 '인공지능'이라는 이름이 만들어 내는 고유한 분위기나 맥락으로부터 기인하는 경우가 많다. 학습, 추론, 지각 등 인간의 고유한 감각 능력을 인공적으로 구현해 내면서 지능을 가졌거나 가질 수 있을 것 같은 인공지능은 오랜 시간 인류가 독점해 온 위치를 다양한 방식으로 위협하고 있다. 하지만 현재 인공지능 기술의 단계에서는 인공지능이 '인공적'이라거나 '지능적'이라는 것 모두가 사실은 인간이 만들어 낸 환상이다.

 현재 우리가 경험하고 있는 인공지능이 작동하는 데에는 데이터 전처리, 모델 설계, 데이터 라벨링, 적합한 데이터 세트 구성 등 필요한 모든 사전 작업에 인간의 노동이 개입되고 있다. 어디에서 학습 데이터를 모을 것인지, 어떤 순서와 방식으로 데이터를 처리하는 모델을 개발할 것인지, 어떤 데이터 세트로 훈련할 것인지는 알고리즘의 성능을 결정하는 가장 중요한 요소인데, 이 모든 기술 개발과 설계의 과정에 인간의 노동이 절대적이다. 이는 우리 사회에 '교육'의 맥락을 공학 중심으로 새롭게 설계하고 있는데 초등학생 코딩 교육 열풍이나 대학 등 고등교육기관에 긴급하게 배치되는 인공지능 관련 학과나 관련 전공 교원 충원은 이 같은 현상을 잘 보여 주는 예시다.

이는 자연스럽게 인공지능이 대체할 일자리와 인공지능 시대에도 살아남을 일자리에 대한 전망과 연결되어, 교육이나 국가 주도 산업의 방향성을 특정한 방향으로 유도하고 있다. 2021년 신입 개발자의 초봉은 6,000만 원까지 치솟았고 네이버, 카카오, 쿠팡 등 대기업이 개발자 유치 경쟁에 뛰어들면서 이들의 몸값은 지속적으로 상승하고 있다. 이는 알고리즘 개발자라는 신흥 노동 귀족의 출현을 예고했다.

하지만 기술-사회에서 실제로 노동하는 인간의 상황은 다르다. 인공지능 알고리즘 개발을 위해 투입된 인간 노동력은 기술 개발자에 국한되지 않는다. 개발된 기술이 사회에 적용되어 기술-사회의 맥락에 진입한 후에도 여전히 인간의 노동력은 필수적이다. 앞선 장에서 살펴보았듯이 적합한 데이터 세트를 바탕으로 모델 자체는 매우 안정적으로 구동할 수 있도록 설계되었지만 실제 인간과의 대화에 투입된 챗봇은 특정 성별, 인종, 계급, 종교 등에 대해 혐오나 차별 발언을 쏟아 냈고, 똑같은 데이터 세트로 훈련한 모델이 여성이나 유색 인종을 정확하게 인식할 확률은 백인이나 남성에 비해 눈에 띌 정도로 낮았다.

기술이 사회에 진입한 후 연쇄적으로 발생한 문제들을 해결할 필요가 대두되었고 인공지능 윤리지침, 개발자 행동강령, 분야별 인공지능 사용 규제 등이 필요에 따라 명문화되기 시작했다. 동시에 기술도 나름의 방식으로 사회에 내재한 혐오나 차별 문제를 적절히 회피할 수 있도록 훈련되었다. 일례로 혐오 발언으로 한 차례 논란이 된 후 서비스를 재정비해 나타난 국내 인공지능 챗봇 서비스 '이루다'는 사회 소수자 관련 질문에 대해 "내 생각이 중요할까? 당사자의 생각이 더 중요할 것 같은데."라든가 "인종에 관계없이 모두 소중한 사람이야." 등 제법 '윤리적인' 대답을 내놓았다. 챗지피티도 마찬가지다. 차별이나 혐오 표현이 섞인 질문을 던지면 돌아오는 대답은 자신은 인공지능 언어 모델이기 때문에 개인적인 의견이나 신념은 없으며 중립적이고 공정하게 모든 개인을 대한다고 그럴듯한 대답을 만들어낸다.

    이 같은 대답을 '설계'하기 위해 기술 개발자 차원에서 각고의 노력과 윤리적 토론이 있었겠지만 이를 위해서는 데이터 세트에 존재하는 수만 가지 자연어 중에 혐오나 차별 표현을 인식할 수 있도록 훈련하는 작업이 필요하다. 그런데 이 과정에도 막대한 인간 노동력이 투입된다. 챗지피티가 출시 이후 차별이나 혐오 발언을 피하기 위해 케냐의 노동자를 헐값에 투입한 것은 이미 유명한 사실이다. 챗지피티가 고용한 미국 외주 데이터 처리 회사 사마SAMA는 독성 텍스트Toxic Text만 따로 학습한 인공지능을 개발하여 차별이나 혐오 발언을 피하기로 했고, 이를 위한 데이터 전처리 과정을 케냐 노동자에게 맡겼다. 케냐 노동자는 성과에 따라 시급 1,600원에서 2,400원 사이의 금액을 받고 인터넷상에 존재하는 성적 아동학대, 살인, 고문, 자살, 근친상간 등에 대한 상세한 묘사가 담긴 텍스트를 매일 읽고 라벨링하는 작업을 했다. 이들이 수작업으로 구성한 독성 텍스트 데이터 세트는 출시 후 챗지피티가 상냥하고 윤리적인 대답을 늘어놓는 데 절대적인 기여를 했다.

이미지 인식 기술에서도 마찬가지다. 이미지 인식 기술은 인터넷상에 광범위하게 존재하는 성적 콘텐츠나 이미지를 걸러내는 데 챗지피티와 같은 방식으로 인간의 노동력을 투입한다. 데이터의 양이 많은 만큼 이 같은 작업에는 대규모의 노동력이 필요한데, 주로 노동력이 싼 남반구의 노동자들에게 헐값으로 작업을 전가한다. 지도학습이 지배적이던 때에 데이터 세트 안의 이미지에 객체별로 라벨링하는 작업도 인간 아르바이트가 투입됨으로써 기술을 구현해 낼 수 있었다.

암호화폐인 비트코인 채굴 과정에서도 비슷한 맥락의 문제가 존재한다. 컴퓨터로 대규모의 데이터를 조합한 복잡한 수학 연산을 한 다음 블록체인을 형성하는 '채굴' 과정에는 엄청난 양의 전기가 필요하다. 이를 위해 전기료가 저렴한 중국 일부 지방의 수력발전소 인근에 채굴공장이 많이 설립되었는데, 이 공장은 지역의 전기 자원을 저렴하게 사용할 뿐 아니라 주변의 소수민족을 값싸게 고용하여 공장을 운영하고 관리하도록 했다. 중국이 자국 내에서 채굴을 금지한 뒤에는 대부분의 공장이(동일한 이유로) 카자흐스탄으로 옮겨갔는데, 이는 극지적인 정전사태로 이어져 지역민에게 또 다른 사회적 문제를 가져오기도 했다.

인공지능 기술이 지역 사회에 가져오는 문제는 때로 좀 더 치명적이다. 인공지능 기술의 기반인 디지털 기술은 도입 초기 불필요한 인쇄용지를 줄임으로써 나무를 보호하고 종이 쓰레기를 줄이는 자연 친화적인 기술로 포장된 면이 있다. 하지만 현실은 그렇지 않았다. 빠른 속도로 발전하는 컴퓨팅 기술은 하드웨어를 시시때때로 갱신했고, 구식이 된 컴퓨터는 사람이 살고 있는 땅에 버려졌다.

　동일한 맥락에서 매년 큰 혁신 없이 새로운 버전이 공개되는 스마트폰도 대량의 쓰레기를 생산했다. 컴퓨터나 스마트폰 기술 자체는 미국이 주도하고 있지만 이 기술이 구식이 되면 버려지는 곳은 엉뚱한 곳이라는 점이 가장 흥미롭다. 미국, 유럽 등 선진국은 환경법이 느슨하고 쓰레기 매립을 위한 노동력이 저렴한 태국, 중국, 인도네시아 등 아시아 지역과 일부 아프리카 국가로 쓰레기를 수출했다. 이 지역의 노동자들은 버려진 전자 폐기물에 존재하는 소량의 금, 인듐 등 재활용 가능한 금속 물질을 맨손으로 추출하게 되는데, 그 과정에서 그 안에 함께 존재하는 수은, 카드뮴, 납 같은 환경과 인체에 치명적인 금속들에 그대로 노출된다. 이들은 결국 값싼 노동력이 포진된 지역의 땅에 묻혀 장기적으로 지역 사회에 환경 문제를 가져온다.

　인공지능에 이르러 환경 문제는 더 이상 지역적인 것이 아니게 되었다. 인공지능 기술이 정상적으로 작동할 수 있도록 수많은 양의 데이터를 관리하는 데이터 센터와 이를 처리하는 슈퍼컴퓨터는 막대한 전기를 사용할 뿐 아니라 그 과정에서 엄청난 양의 탄소를 배출한다. 일례로 GPT3는 훈련 과정에서만 552톤의 탄소를 배출했고, 컴퓨터를 가동함으로써 발생하는 열을 식히기 위해서 미국 데이터 센터를 기준으로 70만 리터의 물이 소비되었다. 눈에 보이지 않는 기술이 인간이 살고 있는 사회에 치명적인 흔적을 남기고 있는 셈이다. 앞선 장에서 언급했듯 인공지능 기술은 컴퓨팅 기술의 발전을 바탕으로 혁신적으로 성장할 가능성이 높은데, 기술이 발전할수록 사회-인간에게 보편적인 편의와 효용을 가져오기보다는 막대한 에너지 비용을 감당할 수 있는 소수 IT 기업에 기술과 부가 편중되고 나머지 사람들은 사회에 남겨진 전자 폐기물, 탄소 발자국을 짊어지고 살아가는 역설적인 상황에 놓일지도 모른다.

   인공지능이 인간의 지능을 가진 것처럼 보이기 위해서 수많은 인간이 기술의 뒤에 유령으로 존재한다. 기술 개발자나 IT업계 대표 같은 노동력은 사회 전면에서 신흥 노동귀족이 되지만 어떤 노동력은 기술이 인공적인 지능으로 작동할 수 있도록 철저하게 가려진다. 인간의 노동력뿐 아니라 사회를 구성하는 땅, 공기, 하늘 같은 환경적인 요인도 인공지능 기술 개발이 만들어 내는 쓰레기를 감당하는 보이지 않는 노동에 관여하고 있다. 앞서 로보틱스에 대한 장에서도 서술했듯이 우리가 인공지능이나 로봇 기술에 거는 기대는 인간의 업무나 신체활동을 덜어 주고 인간은 의사 결정과 같은 고차원적인 업무만 담당하는 이상적인 미래를 구현하는 것이다.

   얼핏 보면 인공지능 기술은 우리가 기존에 해 왔던 많은 업무를 자동화함으로써 작업 효율과 편의를 제공해 준다. 하지만 지금 인공지능 기술이 발전하는 방향은 점차 창작, 개발 등 창의성의 영역으로 나아가고 있으며, 인간은 인공지능 기술이 그 작업을 원만하게 수행할 수 있도록 단순 반복 노동이나 허드렛일을 담당하고 있다. 모든 허드렛일이 그러하듯 이와 같은 인간의 노동은 인공지능 기술-사회를 유지하는 데 필수적이지만 비가시적이고 적절한 대우도 받지 못한다. 사실 현재의 인공지능은 모두 인간 노동력의 산물일 뿐 결코 인공적이지도 지능적이지도 않지만 우리는 '인공적으로 구현한 인간 지능'이라는 환상을 스스로 투여하며 기술을 사회적으로 구성하고 있다.

앞선 장에서 공통적으로 서술했듯이 결국 인공지능은 인공적으로 구현한 인간 지능의 형태를 점차 구체화해 낼 것이다. 시행착오를 겪겠지만 지금까지 기술 발전의 역사가 그러했듯 장기적인 관점에서 진보의 형태를 띨 가능성이 높다. 이 과정에서 인공지능 기술 개발은 기술-사회-인간의 맥락에서 이해되고 설계되어야 한다. 인공지능 기술에 대한 이해가 기술 자체에 대한 이해에 그치지 않고 기술과 연결된 기술-사회-인간의 맥락에서 비평으로 확장되어 탐구되어야 할 이유가 여기에 있다.

인공지능 기술은 양적으로나 질적으로 매일 성장을 거듭하며 우리의 삶을 전혀 새로운 국면으로 가져다 놓을 듯이 다가오고 있다. 기술-사회-인간은 서로 경합하고 공생하며 꽤 오랜 기간 동안 서로 영향을 주고받으며 구성될 것이다.

이 책은 기술 설명, 사회 사례, 비평, 미래 전망을 반복적으로 다루며, 인공지능에 대한 기대와 우려에 대한 여러 관점의 상상을 제시하였다. 단순히 기술의 공학적 이해에만 의존하지 않고 기술-사회-인간의 유기적 관계를 함께 고려하여 비평적으로 다루어야 한다는 공감대를 형성하는 데 기여했으면 한다.

참고문헌

권창규, 「소비자 교육으로서의 국민생활 만들기-전시기(1937~1945)의 국산 소비를 중심으로」, 『현대문학의 연구』, 54, 2014, 285~308쪽.
송성수(엮음), 『우리에게 기술이란 무엇인가』, 녹수, 1995.
염복규, 『서울의 기원 경성의 탄생: 1910-1945 도시 계획으로 본 경성의 역사』, 이데아, 2016.
이희은, 「AI는 왜 여성의 목소리인가?: 음성인식장치 테크놀로지와 젠더화된 목소리」, 『한국언론정보학보』, 90, 2018, 126~153쪽.
진성민, 「소리 물리학의 기본 개념」, 『대한후두음성언어의학회지』, 22, no. 2, 대한후두음성언어의학회, 2011, 99~102쪽.
최형섭, 「기술사와 기술비평 사이에서: 한국 기술사 연구의 흐름과 전망」, 『한국과학사학회지』, 42, no. 3, 2020, 715~729쪽.

Bender, Emily M., Timnit Gebru, Angelina McMillan-Major, & Shmargaret Shmitchell. "On the dangers of stochastic parrots: Can language models be too big?" Proceedings of the 2021 ACM conference on fairness, accountability, and transparency, 2021, pp. 610~623.
Bray, F. "Gender and technology." *Annual Review of Anthropology*, 36, 2007, pp. 37~53.
Ekman, Paul, and Wallace V. Friesen. *Unmasking the face: A guide to*

recognizing emotions from facial clues. 10, Malor Books, 2003.

Kittler, Friedrich A. *Gramophone, film, typewriter.* Stanford University Press, 1999.

Li, Ning et al. "Bio-inspired wearable soft upper-limb exoskeleton robot for stroke survivors." 2017 IEEE International Conference on Robotics and Biomimetics (ROBIO), 2017, pp. 2693~2698.

Quoc V. Le, Marc'Aurelio Ranzato, Rajat Monga, Matthieu Devin, Kai Chen, Greg S. Corrado, Jeff Dean, Andrew Y. Ng. "Building high-level features using large scale unsupervised learning." Proceedings of the 29th International Conference on Machine Learning, Edinburgh, Scotland, UK, 2012.

West, Mark, Rebecca Kraut, and Han Ei Chew. "I'd blush if I could: closing gender divides in digital skills through education." *UNESCO Report*, 2019.